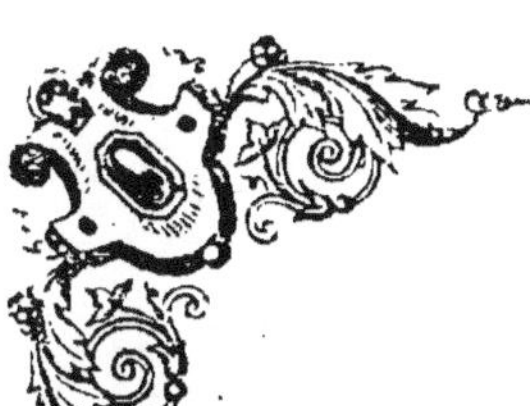

LE

SALON DE 1845

PRÉCÉDÉ D'UNE

LETTRE A BÉRANGER,

PAR

T. THORÉ.

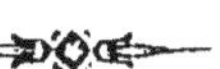

PARIS
ALLIANCE DES ARTS,
RUE MONTMARTRE, 178,
[ET] CHEZ M. MASGANA, GALERIE DE L'ODÉON.

1845

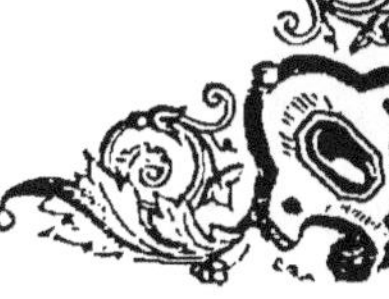

SALON DE 1845.

Ce Salon de 1845 a été publié dans le *Constitutionnel*, ainsi que la Lettre à Béranger.

—

Le Salon de 1844, publié aussi dans le *Constitutionnel*, et précédé d'une Lettre à Théodore Rousseau, publiée dans l'*Artiste*, se trouve à l'Alliance des Arts.

SCEAUX. — IMPR. DE E. DÉPÉE.

LE

SALON DE 1845

PRÉCÉDÉ D'UNE

LETTRE A BÉRANGER,

PAR

T. THORÉ.

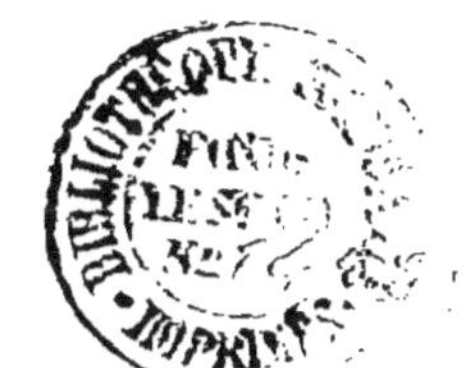

PARIS

ALLIANCE DES ARTS, RUE MONTMARTRE, 178,

ET CHEZ M. MASGANA, GALERIE DE L'ODÉON.

1845

SOMMAIRE.

A BÉRANGER.

—

Votre nom, Monsieur, représente mieux qu'aucun autre le sens direct de notre tradition nationale dans les lettres et dans les arts. Vous êtes de la grande famille française de Rabelais, de Molière et de La Fontaine. Tandis que la poésie du XIXe siècle s'aventurait dans des routes obscures et étrangères, vous, Monsieur, au lieu d'être cosmopolite par la forme du style, vous vous êtes contenté d'être humain par le fond même du sentiment et de la pensée. C'est une synthèse qui vaut bien l'autre. C'est la qualité des artistes immortels; car ils se continuent ainsi dans l'âme de l'humanité dont ils ont réfléchi quelque vertu permanente. Au contraire, l'art qui s'attache imprudemment à la forme seule, passe de mode et se renouvelle sans cesse, quel que soit le charme du style extérieur.

L'art des vrais grands maîtres dissimule naturellement les procédés de l'exécution; il vous frappe par un caractère plus essentiel et plus profond que l'enveloppe plastique. Telle est la sculpture grecque de la belle époque, quoique l'art antique, en général, puisse être accusé de sensualisme relativement à l'art chrétien. La Minerve du Parthénon était sortie vivante et chaste du cerveau de Phidias, suivant le symbole mythologique. En contemplant la Vénus de Milo, vous avez d'abord un sentiment qui précède l'analyse de sa beauté. Tel est encore l'art de Raphaël, où l'habileté n'est considérable qu'après l'invention. Tel est Molière, supérieur peut-être à tous les grands hommes de toutes les littératures par le naturel et la simplicité de son style. Le beau style est comme une flèche dont on sent la piqûre sans avoir vu le trait dans l'air. Ainsi, le génie de Molière est un arc si bien tendu, qu'il vous envoie au cœur une atteinte inévitable, avant que vous ayez saisi le mouvement de la main qui prépare le coup. Mais, arrachez la flèche, et vous admirerez comme elle est aiguë, fine et souple, et vigoureuse, et ciselée à plaisir.

Votre talent a de l'analogie avec celui de Molière : la grandeur dans la naïveté, la clarté et la raison ; dessin ferme, couleur franche; toutes qualités particulièrement propres au génie français. Vous avez comme Molière une sensibilité mélancolique qui donne souvent à vos vers une teinte douce et harmonieuse. Vous avez comme lui cette rare faculté de mettre dans le premier sujet venu une signification profondément humaine. Une comédie de Molière, tirée au hasard, vaut sans doute un poëme épique. Je ne par e pas du *Misanthrope* et de *Tartufe*, qui sont deux chefs-d'œuvre travaillés et qui annoncent, par leur conception même, devoir toucher à la philosophie, à la morale, à la politique, aux vices et aux vertus du cœur, et aux conditions de la société. Ce sont des tableaux d'histoire, comportant la méditation du sujet et le soin de la forme. Mais prenons cet autre chef-d'œuvre sans prétention, ce délicieux tableau de genre qui a nom *l'École des Femmes* : un homme coiffé d'une idée ridicule, un ami bavard, une fille niaise et rusée et un jeune fou. Le comique superficiel est assurément dans la situation de confident où Horace tient sans cesse Arnolphe; il est aussi dans le caractère d'Agnès, dans l'entêtement de son tuteur, dans l'impassibilité railleuse de Chrysalde. Cela suffit à en faire une pièce charmante et la plus amusante du monde. Mais pénétrez plus avant dans le caractère d'Arnolphe. Cet Arnolphe, avec son esprit borné et opiniâtre, ne vous inspirerait qu'un médiocre intérêt, s'il n'avait pas en même temps de la passion :

Elle trahit mes soins, mes bontés, ma tendresse,
Et cependant *je l'aime*, après ce lâche tour,
Jusqu'à ne me pouvoir passer de cet amour.

Voilà un trait de grand maître, et qui touche subitement. De la plus légère des fantaisies de Molière, comme de cette sublime comédie de *l'École des Femmes,* jaillit toujours un sentiment vrai, naturel, impérissable dans l'humanité.

Vous aussi, Monsieur, comme Molière dans ses improvisations, que vous touchiez un sujet quelconque, *les Gueux* ou *les Deux Sœurs de Charité, le Petit Homme gris* ou la *Frétillon,* vous êtes l'interprète si juste du sentiment commun, que tout le monde vous sait aussitôt *par cœur*, rien qu'à vous entendre ; car vous exprimez simplement ce qui est la vie, et vous découvrez la vie où elle est, — partout.

C'est ici que j'en voulais venir, par application à l'art des peintres et des sculpteurs. Vous vous rappelez, Monsieur, ces luttes de la critique depuis quinze ans, les uns soutenant que l'art ne signifie rien du tout, que c'est un caprice bizarre ét individuel, inintelligible pour le vulgaire; les autres, ayant l'instinct de la divinité de l'art, exigeant que le style et la forme fussent toujours le vêtement d'une pensée significative. Ceux-là répondaient qu'il suffisait que la statue fût belle, oubliant que Pygmalion voulait encore l'animer d'un rayon volé dans les cieux. Mais nous, plus ambitieux que ces matérialistes modernes, nous aspirions toujours, comme l'artiste antique, à voir descendre la vie divine et humaine dans la forme créée spontanément. Nous appellions l'art une création vivante, ou l'expression de la vie. On nous passait volontiers cette manie dans les sujets historiques ou dans les grandes compositions. Mais, disait-on, que vient faire votre art humanitaire dans une fantaisie improvisée par un peintre? Vous n'avez pas besoin d'être un grand philosophe pour représenter quelque Bohémien en haillons, couché au soleil, ou une bergère cueillant des fleurettes.

Si bien que cette théorie frivole aboutissait à supprimer l'homme sous le haillon, la femme sous l'étoffe de soie. Il ne restait plus de l'art qu'une défroque vide. Mais ces apôtres de l'indifférence oubliaient même l'art hollandais et l'art flamand, dont les maîtres ont su faire naïvement des hommes et des femmes sous la plus humble apparence. Les buveurs débraillés d'Adrien Brauwer ou de Crasbeecke sont des personnages vivants au même titre que les nobles personnages de Raphaël, quoique dans une condition différente. Les Sganarelles de Molière ne céderaient pas leur âme à Hamlet, ce fils de roi, ou à Agamemnon, le roi des hommes.

Nos adversaires s'imaginaient triompher

bien plus facilement encore à l'endroit du paysage et de la nature *inanimée.* Quelle signification donner à un intérieur de forêt, à une vue de campagne baignée de lumière, à une cour de ferme, à une mare où les canards barbotent entre les joncs? Mais ils oubliaient aussi, sans parler des grands paysagistes comme Le Poussin et Claude, que les *petits* maîtres hollandais ont empreint leurs paysages d'un sentiment immatériel et profondément poétique. Nous avons cité souvent *la Vache philosophe*, de Paul Potter, et *le Buisson mélancolique*, de Ruysdaël, qui sont au Louvre. Il y a encore au Musée un autre paysage de Ruysdaël, une sombre marine, appelée *la Tempête,* où l'artiste a jeté une partie de son âme. La mer furieuse occupe toute la toile et s'insurge partout contre un ciel lépreux, taché de plaques noires. A droite, dans un petit coin, on voit cependant une maisonnette en chaume, plantée comme sur une motte de terre que protège une grossière palissade de pieux enfoncés dans l'eau. Le vent, la pluie, l'orage, battent par en haut cette frêle retraite, tandis que les vagues en font le siège tout autour et se précipitent avec grand bruit contre le talus, comme des guerriers grimpant à l'assaut. La masure accroupie sur un sol mobile résistera-t-elle à cette attaque implacable? Cela ne me paraît point *insignifiant* du tout, et ce drame vaut, à mon avis, tous les drames castillans, moyen-âge et autres, où s'agitent de belles loques avec un cliquetis de ferraille; car la vie humaine se trouve intéressée dans ce grand chaos naturel. A propos, cette maisonnette n'est-elle point habitée? Puisque voici le fourreau, comme dirait un romantique, où donc est la lame? Hélas! il y a peut-être sous ce chaume, une famille de paysans qui se recommandent au bon Dieu; ou, peut-être, ces hardis enfants de la côte ont-ils abandonné leur nid à la tempête, pour aller dans quelque barque secourir de leurs bras, les navires égarés et balottés contre le rivage.

Mais parmi les contemporains, les véritables peintres, les véritables poètes, n'ont-ils pas toujours transporté l'homme, ou plutôt le sentiment humain, même dans la nature déserte. Rousseau, qui nous revient sans cesse quand il s'agit de poésie dans la peinture, a trouvé, un jour, une allée de châtaigniers dans un coin retiré de la Vendée, ce pays si original et si sauvage, dont la végétation vigoureuse a une couleur particulière, dont les arbres sans souci ont des tournures merveilleuses. Il a copié tout bonnement son allée de face. On y entre au bord de la toile comme dans la grande gueule d'un entonnoir, et l'on n'en sort pas; mais tout au fond, bien loin, on aperçoit le jour à l'orifice extrême de cette caverne de branches entrelacées et d'épais feuillages. Vous n'avez point de ciel au-dessus de vous, ni à droite, ni à gauche; car les arbres plantés tronc à tronc s'emmêlent comme des lianes dans une forêt vierge, ou comme des arabesques le long des lambris et de la voûte d'un édifice. Seulement à quelques points de cette voûte verdoyante, de petits rayons tremblotants de lumière éclatent entre les feuilles agitées, comme des étoiles scintillantes au firmament du soir.

En considérant cette belle peinture, on éprouve la même impression que lorsqu'on entre seul dans une vaste cathédrale gothique, aux colonnes élancées, aux décorations capricieuses. La percée de ciel, à l'extrémité de l'allée mystérieuse, est comme l'autel radieux au fond du monument sombre.

Un pareil tableau est assurément de l'ART POUR L'HOMME et non point de l'art pour l'art. Je ne dis pas que cette poésie ne soit pas dans la nature; mais encore il faut l'y sentir et l'exprimer. L'artiste n'est pas seulement un œil comme le daguerréotype, un miroir fatal et passif, qui reproduit physiquemement l'image qu'on lui présente; c'est une âme mouvante et créatrice qui féconde à son tour la création extérieure. La nature est la mère voluptueuse qui provoque la passion de son amant, et l'art est le fruit de cette divine union.

L'allégorie est tellement inhérente à l'art véritable, que les peintres les plus spontanés, dévoués seulement à l'image, sans préoccupation de la pensée qui est dessous, font quelquefois des tableaux où la réflexion découvre des poëmes symboliques et des analogies que l'auteur n'a pas soupçonnés. J'ai vu souvent des artistes bien surpris des explications que la critique donnait de leurs ouvrages. Ils disent à cela qu'ils se moquent du symbole, et que l'art est un entraînement irréfléchi qui n'est pas forcé d'avoir conscience de sa raison. Raphaël et le Poussin n'en disaient pas autant. Mais prenons les peintres comme ils sont aujourd'hui. Ce n'est pas leur faute si la philosophie et la pensée ont été proscrites de la société bourgeoise; et, après tout, qu'importe le procédé, si le résultat satisfait aux conditions de l'art?

M. Decamps, qui est un homme de vive impression, mais très indifférent aux théories, s'est inspiré souvent du *Don Quichotte* de Cervantes, ce poëme si humain dans le fond, si espagnol par la forme; car le procédé de l'art espagnol est invariablement le contraste, dans la peinture comme dans la littérature; contraste de la lumière et de l'ombre dans les tableaux; lutte de deux principes opposés dans les drames et les romans. C'est là tout Cervantes, avec une forme inimitable : d'un côté, l'élan héroïque de l'âme à la recherche des aventures périlleuses; de l'autre la résistance du corps sensuel et prudent. Don Quichotte ressemble plus qu'on ne le pense aux moines ascétiques de Zurbaran, et Sancho aux joyeux compagnons que Vélasquez et Murillo ont enflammés de leurs belles couleurs.

Je suppose que M. Decamps ne s'est jamais tourmenté du sens de Don Quichotte, et quelquefois, en effet, il a peint l'austère chevalier avec une grave irrévérence, bien voisine de la caricature. Mais cependant, un certain jour, il a vu les deux aventuriers entrant solennellement dans la montagne Noire, sous un aspect qui est une interprétation parfaite du roman espagnol. Le petit chef-d'œuvre de M. Decamps, exécuté légèrement à l'aquarelle, a été gravé à l'aquatinte par M. Prévost, et publié autrefois par *l'Artiste*. Il représente Don Quichotte et Sancho, arrivant de face sur un grand chemin, au milieu d'une campagne brûlée par le soleil et sillonnée de roches arides. Ce chemin de la vie est un théâtre sinistre qui dispose bien au drame. Le chevalier errant, armé de pied en cap et serrant sa lance, se tient droit et ferme sur ses étriers, toujours disposé au combat. Il regarde devant lui ce que la Providence daignera lui envoyer. Il est effilé verticalement, long et haut comme un peuplier qui monte au ciel, tandis qu'à son côté, Sancho, qui l'accompagne, s'étale horizontalement sur son âne, la panse en avant, sa grosse main reposée mollement sur sa cuisse arrondie. Le corps insouciant prend ses aises en suivant l'âme inquiète. Tandis que Don Quichotte est casqué jusqu'aux sourcils, et comprimé dans son armure de fer, Sancho a rejeté en arrière son souple chapeau, pour s'éventer un peu le crâne, et il a lâché quelques boutons de sa casaque pour ne pas gêner sa digestion. Sa tête rubiconde est tournée vers le maître, qui n'y prend garde, et qui contemple sans doute quelque grande chose dans sa pensée, sans écouter les propos et les sages conseils de son écuyer.

Ne connaissez-vous pas tout Cervantes, après ce croquis spirituel, où la vie humaine est symbolisée dans ses deux types les plus différents !

Il s'agit donc, quels que soient le sujet et la forme d'une œuvre d'art, tableau ou statue, que l'artiste y fasse intervenir un sentiment intime, naturel, irrécusable, qui se communique aux autres hommes, qui les éclaire ou les moralise. Le vieux proverbe du théâtre est applicable à tous les arts, ainsi que le vers du poète latin : corriger en amusant, mêler l'utile à l'agréable. Hélas! l'art contemporain est si éloigné de cette tendance élémentaire, qu'on ne sait même comment s'y prendre pour le ramener à une signification quelconque, et que les vérités les plus simples semblent de hardis paradoxes aux yeux éblouis de notre génération.

Là, Monsieur, est votre supériorité glorieuse et incontestable, et vous êtes un exemple vivant qu'on peut citer à nos peintres, sans grande espérance de le voir imiter. Vous avez bien prouvé qu'il n'y a point de petits sujets ni de petites formes, qu'il n'y a que de petits artistes; car le génie change les proportions de toutes choses. Vous avez pris la chanson et vous l'avez élevée à l'ode et au poëme. Vous avez pris des gueux, et vous en avez fait de grands philosophes. Vous avez pris des fous, et vous en avez fait des révélateurs. A propos de bouteilles et de vivandières, ou de n'importe quoi, vous avez ravivé l'esprit français et évoqué tous les sentiments généreux du patriotisme et de l'Égalité. Vous êtes, comme l'a dit Pierre Leroux, le fils de cette grande génération de la fin du XVIIIe siècle, qui fit la Révolution. Vous êtes peuple et philosophe, comme Diderot et Voltaire, et comme eux, vous avez mis votre poésie au service de l'Humanité.

SALON DE 1845.

Avant l'ouverture. — 1er février.

Le temps qui court ne paraît pas nous présager des merveilles. Il n'y a dans l'air aucun de ces signes qui font lever les yeux vers le ciel ; la mêlée du salon sera, sans doute, terre-à-terre et confuse, et l'on n'apercevra point au-dessus de la tête des combattants quelque aigle radieux aux aîles déployées, à moins pourtant que le jury n'admette cette fois M. Eugène Delacroix qui présente cinq tableaux. La plupart des victorieux du passé sont assis à l'écart, dans l'attitude de la *Mélancolie* d'Albert Durer, la tête penchée sur une main oisive. L'art est surtout le reflet des sentiments de tout le monde. Si la société n'aime rien avec passion, l'art perd son enthousiasme et sa vertu expressive. Lorsque Raphaël peignait Galatée triomphante, chacun voyait dans cette femme nue et debout sur sa conque, la résurrection de la Beauté, la renaissance de la forme enterrée comme une momie antique dans les inflexibles bandelettes du moyen-âge.

Hélas ! Galatée ne tarda pas à faire naufrage. On ne sauva de la mer que quelques nymphes fatiguées et de petits amours que chassèrent bientôt les soldats romains de David. Aujourd'hui, il faut de nouveau se mettre à la recherche de la Beauté.

Mais les artistes sont découragés, plusieurs par l'indifférence publique, d'autres par l'autocratie du jury, qui choisit les tableaux et qui les classe au Salon. On dit que ce malheureux tribunal secret et irresponsable a eu bien de la peine à se constituer cette année. Il serait curieux que cette institution vicieuse pérît de mort naturelle, après avoir résisté depuis quinze ans à toutes les attaques. Il y a de grands coupables qui finissent ainsi tranquillement dans leur lit.

L'autorité usurpée de ces vieux censeurs officiels a déjà écarté du Salon plusieurs artistes des plus distingués. M. Ary Scheffer, M. Barye, M. Rousseau, M. Dupré, M. Jeanron, et bien d'autres, ont renoncé à passer sous les lunettes de l'Académie. Vous n'aurez donc point cette année les beaux portraits de M. Scheffer, célèbres avant qu'on les ait vus. M. Barye garde ses lions et ses gazelles dans l'intimité de son atelier. Les paysages que MM. Dupré et Rousseau ont rapportés des Pyrénées iront tout droit dans la collection de M. Périer. De son côté, M. Ingres se soustrait volontairement à la publicité commune. Le Dieu se tient voilé dans le sanctuaire, et ne se manifeste qu'aux prêtres et aux initiés qui desservent l'autel. M. Delaroche est en voyage, et son beau-père, M. Horace Vernet, ne lui a pas encore appris le secret de peindre en courant sur les grands chemins. M. Steuben est en Russie, où la couleur de son talent prouve bien qu'il est né. M. Camille Roqueplan a été malade toute l'année. M. Gudin s'est marié outre-Manche. M. Winterhalter a eu la douleur de voir un de ses ouvrages refusé par le Roi. Les uns ont fait des chapelles; les autres sont morts. Il ne reste que M. Horace Vernet pour remplir le Louvre de son nom et de son incommensurable *Bataille de la Smala.*

Comment M. Vernet qui est un homme de tant d'esprit, n'a-t-il pas fait sa *Bataille de la Smala* sur une petite toile de chevalet ou sur une pierre lithographique? Les splendides Vénitiens des *Noces de Cana* vont étouffer sous ce pâle linceul qui doit les recouvrir au Louvre. Mais pourquoi donc cette proportion démesurée pour un fait d'armes qui n'égale pas sans doute les batailles d'Alexandre, de César, de Charlemague ou de Napoléon? On nous a dit que quelque prince belligérant devait emporter en Afrique cette bonne toile roulée pour s'en faire une tente. Le fameux parasol de Maroc, fabriqué rue Saint-Denis, est vaincu.

Si cependant la tente déployée de M. Horace Vernet ne s'étend pas depuis le salon carré jusqu'au fond de la galerie Italienne, nous demandons place pour les tableaux de M. Eugène Delacroix ; il y a de quoi nous consoler de l'absence de plusieurs autres. L'infatigable M. Delacroix a peint, cette année, outre sa grande composition de la rue de l'église Saint-Louis, au Marais, un *Marc-Aurèle mourant, recommandant son fils à ses amis, l'Empereur de Maroc au milieu de ses officiers, l'éducation de la Vierge*, une *Sybille* et une tête de *Madeleine*. On peut assurer que M. Delacroix sera encore le premier peintre de notre école contemporaine.

Nous déclarons que nous n'avons rien voulu voir d'avance dans les ateliers. Rien.

C'est une manière comme une autre. C'est peut-être la bonne. Il y a plaisir à entrer à l'exposition comme un simple amateur de la foule, et à s'arrêter naïvement, sans propos délibéré, devant les tableaux qui ont de l'aspect et du magnétisme. On peut juger ainsi, sans prévention et sous le même jour, toutes ces toiles qu'on apprécie avec moins de justesse dans l'isolement d'un atelier.

Voici cependant l'indication des principaux ouvrages présentés à l'exposition. M. Decamps a fait neuf dessins. M. Diaz a envoyé trois portraits de femmes, d'une distinction charmante, entr'autres le *portrait de madame L..*, qui ressemble à mademoiselle de Cardoville ou à quelque jeune fille dorée des tableaux de Paul Véronèse. M. Couture, l'auteur de *l'Amour de l'or*, a commencé une grande composition excellente, qu'il intitule la *Décadence romaine*. Il a voulu mettre en scène toute la civilisation antique à son agonie. C'est un superbe prétexte pour une belle peinture. Nous ne doutons pas que M. Couture et M. Diaz, qui ont conquis tout d'un coup l'année dernière une réputation éminente parmi nos peintres. n'aient encore développé leur talent.

M. Gigoux a fait une *Manon Lescaut*, de grandeur naturelle; M. Henry Scheffer une *madame Roland*, M. Robert Fleury un *Autodafé*, M. Debon une grande *bataille*, M. Meissonnier, trois petits tableaux microscopiques, les *Routiers jouant aux dés, la Partie de piquet*, et un *Homme feuilletant un carton de dessins*; M. Rodolphe Lehmann, une *Madone*; M. Glaize, la *Conversion de la Madeleine*; M. Isabey, un *Alchimiste*; M. Alfred de Dreux, une *jeune Femme à cheval*. Parmi les paysagistes, on cite MM. Corot, Français, Troyon, Flers, etc.; nous retrouverons sans doute encore MM. Leleux, Muller, Flandrin et quelques autres dont on a remarqué la peinture au Salon de 1844.

On parle beaucoup de M. Brascassat et

de ses animaux. M. Brascassat a-t-il, par hasard, été étudier Albert Cuyp et les anciens maîtres hollandais, depuis qu'il a disparu de nos expositions publiques? Ses taureaux ont-ils grandi depuis six ans? M. Brascassat a déjà l'estime des amateurs bourgeois qui paient sa peinture aussi cher que la mauvaise peinture de M. Verboeckoven, de M. Koekkoek, de M. Schelfout et des autres miniaturistes étrangers. Mais cet engouement passager ne soutiendra pas longtemps les faibles successeurs de la naïve et forte école des Pays-Bas. La peinture ne s'estime pas à la somme d'écus qu'elle déplace. Ne laissons pas les financiers faire la loi dans les arts. La sympathie des vrais artistes vaut mieux que l'argent.

Les sculpteurs ont beaucoup travaillé cette année. M. Pradier a fait une *Phryné* en marbre, M. David une statue d'enfant, M. Bosio une jeune fille nue. L'auteur de la statue du jeune *David balançant sa fronde*,

M. Bonassieux, a envoyé un buste ; M. Jouffroy, deux charmantes statues de femmes ; M. Etex, un groupe, plusieurs bustes et quelques peintures. Il a fait, en outre, un modèle du monument de Vauban pour les Invalides, lequel ne sera point exposé. La *Statue équestre du duc d'Orléans*, par M. Marochetti, et le *Jean-Bart* de M. David, seront placés, dit-on, dans la cour du Louvre. On jugera mieux de l'effet en plein air. C'est un privilége qu'envieront sans doute les autres statuaires condamnés à l'obscurité de la salle basse du Louvre ; car la statuaire exige l'espace et la grande lumière.

Le Salon de 1845 s'annonce donc comme les autres Salons depuis dix ans. Peu d'inspiration nouvelle, quelques artistes de talent, et la foule des médiocrités. Mais les arts comme le monde se renouvellent lentement, et personne n'a le secret des rêves qui agitent sourdement la poésie pendant son sommeil.

I

Première impression. — 15 mars.

Au temps où Diderot écrivait ses charmants Salons, vers la fin de Louis XV, il se trouvait entre deux écoles, dont l'une allait bientôt mourir avec Boucher, dont l'autre commençait à vivre avec Vien, Peyron et les prédécesseurs de Louis David. Aujourd'hui, après avoir vu mourir à notre tour l'école héroïque de l'Empire, après avoir vu naître au moins deux écoles, celle de Géricault et d'Eugène Delacroix, et celle de M. Ingres, nous trouvons la peinture française sans système et saus direction, abandonnée à la fantaisie individuelle. Ce n'est pas un mal assurément, puisque l'originalité est la première condition de l'art.

Voyez la variété infinie du Salon de 1845; cherchez à grouper logiquement tous ces tableaux dans quelques catégories qui permettent une critique un peu étendue. Impossible. Le choix des sujets, la mise en scène, la tournure des personnages, le dessin, la couleur, tout diffère de l'un à l'autre. Parmi les mille exposants, il n'y en a pas six qui soient réunis dans un même principe, dans un même désir, ou dans une pratique analogue. Quelle diversité! Prenez les peintres éminents à qui le succès du Salon est réservé : M. Decamps, M. Eugène Delacroix, M. Horace Vernet, M. Henry Scheffer, M. Meissonnier, M. Diaz, M. Leleux, M. Isabey, M. Papety, M. Brascassat, M. Robert Fleury. Ceux-ci seront admirés de la foule, ceux-là des artistes. Ici, le sujet dramatique ou ingénieusement présenté déterminera l'approbation vulgaire ; là, c'est la poésie, ou le style, ou la grâce, ou la naïveté, ou la puissance de l'exécution qui méritera l'estime des connaisseurs difficiles. Ici et là, les qualités sont absolument différentes et recommandables à des titres presque opposés. Ainsi, M. Decamps est un maître comparable par le style à la grande école romaine, et par la vigueur de son coloris aux peintres vénitiens. M. Delacroix a l'ampleur de Rubens, la richesse harmonieuse de Paul Véronèse, et le sentiment du Corrège. M. Horace Vernet a l'esprit et la facilité des plus adroits dessinateurs. M. Meissonnier est fin comme Metzu ; M. Diaz est étincelant comme Watteau ou Velasquez. Chacun a son attrait pour les goûts distingués ou pour les prédilections banales.

Le Salon de 1845 sera donc fort amusant pour les artistes, pour les critiques et pour le public. Il nous manque, à la vérité, dans cette grande exposition de l'école contemporaine, quelques talents originaux qui offrent encore des qualités supérieures et particulières : M. Ary Scheffer, M. Ingres, M. Delaroche, M. Camille Roqueplan, M. Lehmann, M. Winterhalter, M. Théodore Rousseau, M. Jules Dupré, M. Marilhat, M. Cabat et plusieurs autres. Il est vrai encore que le jury, implacable, a repoussé des tableaux de M. Eugène Delacroix, de M. Paul Huet, de M. Chasseriau, de M. Riezener, pour ne citer que des talents dignes de sympathie ; mais cependant le jury a bien voulu admettre quatre tableaux de M. Delacroix, un superbe groupe d'hommes à cheval, par M. Chasseriau, un portrait, par M. Riezener, et un paysage, par M. Huet. Nous en profiterons pour donner à leurs autres ouvrages la publicité que leur refuse une jalousie ridicule.

A chaque Salon nouveau, les critiques commencent toujours par regretter les expositions précédentes. Il est rare qu'on ne sacrifie pas le présent au passé ou à l'avenir, car il y a toujours dans les arts, comme dans la politique, trois partis inconciliables qui regardent en arrière, en avant, ou à leurs pieds. Nous déclarons, quant à nous, que nos espérances sont bien dépassées, que le Salon de 1845 nous paraît, à première vue, plus intéressant, plus riche et plus complet qu'aucun des Salons de ces dernières années, depuis les grandes luttes où figuraient M. Gros près de mourir, Léopold Robert et Sigalon, qui sont morts aussi; M. Eugène Delacroix, déjà illustre; M. Ingres, alors si contesté, et M. Paul Delaroche, l'idole de la bourgeoisie.

Les neuf dessins exposés par M. Decamps sont tout un poëme biblique en trois chants, et qui restera comme les sublimes cartons des grands maîtres italiens. Ces compositions sévères et vigoureuses sont exécutées dans le même style que le *Siége de Clermont* et la *Défaite des Cimbres*, du Salon de 1842, au fusin, à tous crayons, avec des rehauts de couleur à l'huile. Il est impossible d'arriver à un effet plus puissant, même avec toutes les ressources de la plus riche palette. Il y a des contrastes merveilleux et des degrés incalculables depuis les fortes ombres jusqu'à une lumière éblouissante. Chaque scène est présentée avec une unité et une symétrie qui ressuscitent le système des maîtres les plus habiles dans cet art difficile de la composition. Qui le croirait? M. Decamps, le peintre capricieux et emporté, qu'on a souvent comparé aux maitres flamands, s'est élevé jusqu'à l'ordonnance austère et réfléchie de Raphaël et du Poussin. Chacun de ses tableaux a un centre lumineux autour duquel s'arrangent les lignes secondaires, et l'effet se concentre au milieu, par l'artifice des lignes et de la couleur. Le dessin des figures, le caractère des têtes sont du plus haut style. Dans le *Samson renversant les colonnes du Temple,* il y a au premier plan un homme qui se sauve en avant avec un élan si fougueux, qu'on a envie de se reculer pour le laisser passer ; cela rappelle ces figures si bien jetées de l'*Héliodore*, de Raphaël, et les légères Atalantes de l'art antique. De même, les cavaliers de M. Decamps font songer aux cavaliers du Parthénon. Le peintre spirituel des singes, des fumeurs et des vieux gardes-chasse, a montré ici, comme dans quelques-uns de ses ouvrages précédents, un sentiment de la tournure et de la beauté, qu'on rencontre rarement dans l'art contemporain.

La plus belle peinture du salon carré est incontestablement *le Sultan de Maroc sortant de son palais*, par M. Delacroix. Au milieu, le sultan à cheval ; à droite et à gauche ses ministres et sa suite ; dans le fond, les murailles du palais de Mequinez, sur un ciel bleu, du ton le plus vigoureux. La couleur générale est si harmonieuse, que cette peinture éclatante et variée paraît sombre au premier regard. C'est là le talent incomparable de M. Eugène Delacroix, de marier les nuances les plus riches et les plus diverses, comme les musiciens qui parcourent toute la gamme des sons. On ne reprochera pas, cette fois, au peintre du *Massacre de Scio*, d'avoir contourné ses personnages et d'avoir exagéré les mouvements. Toutes ces figures sont calmes et nobles comme il convient à de tranquilles Orientaux. M. Delacroix a atteint un point suprême en art, la magnificence et la grandeur dans la simplicité.

La Mort de Marc-Aurèle est presque composée comme la *Mort de Socrate*, de David. L'empereur est assis sur son lit, entouré de ses amis, qui recueillent ses dernières volontés. Singulier rapprochement entre les deux chefs de ces écoles qui paraissaient aux antipodes de l'art. Mais vraiment les Romains de M. Eugène Delacroix valent bien les Grecs de David. Ils ont plus d'humanité, si l'on peut ainsi dire. L'homme debout, à droite, et l'homme assis par terre contre le lit, sont admirables de tournure et de sentiment. L'effet général de la composition inspire la méditation et le respect. Il n'est pas indispensable d'être froid et guindé pour représenter ces grandes scènes du monde antique.

On trouve encore à droite, dans la galerie, deux autres tableaux de M. Eugène Delacroix, une *Sybille* à mi-corps, étendant la main vers le rameau sacré, et une tête de *Madeleine*, qui est un chef-d'œuvre.

Après M. Decamps et M. Delacroix, qui tiennent le premier rang dans l'école française, il faut parler de M. Horace Vernet, qui occupe la plus grande place à l'exposition, et six pages dans le livret. La *Prise de la Smala d'Abd-el-Kader* s'étend au nord jusqu'au-dessus du *Déluge*, de Girodet, au midi, jusqu'au-dessus de la *Descente de Croix*, de Jouvenet, et occupe tout le lambris qui fait face à la porte d'entrée dans le grand salon. C'est cette place privilégiée qui a déterminé la dimension de la toile; nous n'y voyons pas d'autre raison. Combien de longueur? Cent pieds, peut-être. On n'avait jamais fait sur toile un tableau de cette immensité. Il est vrai que c'est une série d'épisodes qui pourraient se prolonger sans fin ou se détacher en charmants tableaux de genre. Le génie de tous les peintres italiens n'aurait pas suffi à donner de l'unité à une pareille composition. Il ne faut donc pas s'attendre à être saisi par un effet principal. On peut commencer à examiner cette enfilade de soldats français, d'Arabes en fuite, de femmes désolées, de troupeaux culbutés, par le flanc droit ou le flanc gauche. Ce sont partout des groupes isolés qui ont chacun son caractère fort spirituellement exprimé. Ce sont des motifs de lithographies, dignes de M. Charlet et de M. Raffet; mais ce n'est point un tableau.

L'ambition de M. Meissonnier est à l'inverse de celle de M. Horace Vernet. Il cherche la plus petite toile possible, et il y met une ou deux figures microscopiques qui ont cependant toutes les qualités de la couleur, de l'expression et de la vie. M. Meissonnier a exposé trois tableaux d'une finesse exquise : *un Jeune Homme assis et regardant des dessins* dans un carton; il a une charmante petite culotte gris-perle et un habit de même couleur ; devant lui, sur une table, sont des livres et des statuettes; —*un Corps-de-Garde*, groupe de quelques soldats qui jouent aux dés sur un tambour ; la couleur est plus vigoureuse, mais non moins juste que dans les autres petits intérieurs ; — enfin, *une Partie de Piquet* entre deux hommes assis et vus de profil ; les têtes sont extrêmement spirituelles, et l'homme de droite est habillé de ce rose tendre qu'on admire dans les pastels de Boucher.

Les trois *Portraits* de M. Diaz ont beaucoup de charme et de distinction. Ils se détachent sur un fond d'arbres très mystérieux et d'une adorable couleur. M. Théodore Rousseau est le seul qui surpasse M. Diaz, dans l'expression de la poésie de la nature. M. Diaz, qui est un grand paysagiste, possède aussi un vif sentiment de la beauté humaine et des magies de la couleur. Il fait jouer la lumière sur la chair, sur les cheveux, sur les étoffes, avec un éclat, une harmonie, une légèreté, une grâce tout-à-fait séduisants. Les jolies femmes pourraient bien, après avoir vu ces merveilleux petits portraits, quitter M. Dubufe pour M. Diaz.

M. Henry Scheffer a exposé plusieurs portraits, un peu ternes, et une *Madame Roland marchant au supplice*, qui est le pendant de la *Charlotte Corday*, du Luxembourg. La scène est disposée dans le même ordre, et les moyens dramatiques sont les mêmes ; ils résultent du contraste entre une belle et noble jeune femme et les hommes qui la conduisent au supplice. Si M. Henry Scheffer eût vécu au temps de la Révolution, il aurait été girondin. C'est le parti des femmes et du sentiment en politique. Comme exécution, le tableau de madame Roland accuse la transformation qui s'est opérée dans la manière de M. Henry Scheffer. En comparant madame Roland à Charlotte, il peut se convaincre qu'il était autrefois plus vigoureux et moins sec.

M. Pérignon est bien changé aussi, seulement depuis l'année dernière. Il est impossible de retrouver dans ses portraits du présent Salon la fermeté, la science et le caractère qu'on admirait dans le portrait de femme brune, exposé en 1844 au-dessus de la porte de la galerie.

Passons vite, dans cette revue rapide, devant la foule des portraits, et contentons-nous d'indiquer aujourd'hui les tableaux qui méritent l'attention. Nous analyserons plus tard les qualités de chaque peinture. Parmi les grands tableaux, *la bataille d'Hastings*, par M. Hippolyte Debon, est une des plus remarquables ; il y a beaucoup de force, de vie et de couleur dans cette mêlée. *Le Khalife de Constantine*, par M. Chasseriau, est une composition pleine de grandeur et de majesté ; elle révèle trop cependant l'imitation de M. Eugène Delacroix, que M. Chasseriau a déjà copié sans scrupule dans ses illustrations de l'Otello. Si les membres du cheval que monte le khalife étaient plus solidement attachés, s'il y avait plus de science et de fermeté dans le dessin, le tableau de M. Chasseriau serait certainement en première ligne au Salon.

M. Adolphe Brune a exposé un *Christ descendu de la croix*, que nous avons eu le malheur de ne pas encore rencontrer, non plus que les deux tableaux de M. Gigoux, les quatre tableaux de M. Louis Boulanger, le portrait de M. Riezener, le paysage de M. Paul Huet, etc. ; mais, avec des hommes de ce talent, on est sûr que leurs ouvrages valent la peine d'être recherchés.

M. Philippoteaux est l'auteur d'une bataille assez bien peinte, M. Victor Robert d'une grande composition allégorique, M. Quecq d'une *Scène de Martyrs chrétiens*, M. Tissier d'une *Descente de croix*, M. Eugène Goyet d'un *Christ au Jardin des Oliviers*, M. Schnetz de plusieurs scènes d'Italie, M. Landelle des *Saintes femmes allant au tombeau*, bonne peinture, d'un sentiment distingué.

Un grand succès attend sans doute M. Robert Fleury, dont l'*Autodafé* est très dramatique. On y remarque plusieurs figures vigoureusement exécutées, et surtout l'homme accroché à la croix, et vu de dos, qui indique l'étude de Van Dyck et des maîtres flamands. M. Robert Fleury a aussi cherché à imiter Rembrandt dans l'épisode que la vie de ce grand peintre lui a inspiré. Rembrandt est représenté assis et peignant la *Suzanne au bain*, d'après un modèle debout à sa droite. C'est la répétition de la *Suzanne* même de Rembrandt, que possède M. Carrier, peintre et ami de M. Robert Fleury.

Nous avons vu encore deux tableaux de M. Papety, le *Siège d'une ville* et *Memphis*, composition de trois figures, dont l'une est couchée comme un sphynx. Il y a beaucoup à dire là-dessus, malgré la foule qui contemple avec admiration les défauts mêmes de cette peinture. M. Papety est un artiste distingué qui, suivant nous, néglige l'art véritable pour les apparences de l'art.

On pourrait adresser la même critique à quelques talents qui nous répondront sans doute par un succès populaire, comme M. Brascassat, qui est au grand complet dans l'exposition présente, comme M. Calame et M. Diday, les deux peintres suisses, dont la manière, il faut l'espérer, ne se naturalisera jamais en France, pas plus que celle de M. Schendel et des autres Belges ou Hollandais, pas plus que celle de MM. Desgoffe et Flandrin, qui se sont *défrancisés* en Italie.

Les véritables paysagistes français, de l'école contemporaine, ont un sentiment bien plus vif et bien plus naïf de la nature, en même temps qu'une exécution moins grise, moins sèche, moins minutieuse. Il y a au Salon vingt peintres de paysage qui ont fait d'excellents tableaux : M. Français un *Coucher de soleil,* très poétique, avec deux baigneuses au premier plan, et un *Pêcheur à la ligne*, qui est bien heureux d'être assis dans cette belle campagne ; M. Louis Leroy, deux vues prises à Fontainebleau et à Meudon ; il avait déjà prouvé, dans ses belles eaux-fortes, un véritable talent de paysagiste ; M. Corot, plusieurs paysages simples et tranquilles ; M. Troyon, une vue prise à Caudebec ; M. Toudouze, M. Wéry, M. Lapierre, M. Legentile, M. Louis Coignard, M. Teytaud, M. Félix Haffner et bien d'autres. Quelques-uns de ces jeunes peintres sont encore peu connus du public; mais nous espérons que la critique contribuera à faire connaître leurs tableaux de l'exposition actuelle.

M. Saint-Jean a envoyé, comme d'habitude, un seul tableau de fruits, très grassement peint, mais trop jaune. M. Philippe Rousseau, dans les mêmes sujets, a une exécution moins monotone et un sentiment plus harmonieux de la couleur. *Le Rat de ville et le Rat des champs*, par M. P. Rousseau, vaut les tableaux des meilleurs maîtres qui se sont consacrés à peindre les objets inanimés. Sur la table où les deux rats font bombance, il y a une guipure, des vases et des fruits que Jean Fyt pourrait signer.

Les plus charmants tableaux de genre sont ceux de MM. Leleux et de M. Hédouin, leur ami, qui est devenu leur égal ; c'est une peinture de M. Henri Baron, qui participe à la fois de M. Camille Roqueplan, de M. Couture et de M. Diaz ; c'est l'*Alchimiste*, de M. Isabey, qui fera oublier, Dieu merci, la marine intitulée : *Départ de la Reine d'An-*

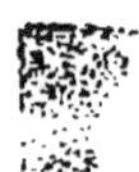

gleterre ; c'est *le Dernier Blanc*, de M. Guillemin, etc.

M. Granet a exposé un grand tableau d'intérieur; M. Dauzats, une vue très pittoresque d'un *Couvent au mont Sinaï;* M. Alfred de Dreux, *une Châtelaine* vêtue de blanc, sur un cheval blanc, avec des levriers blancs, le tout en pleine lumière; c'est un tour de force; M. Glaize, *la Conversion de la Madeleine*, qui ne vaut pas *la Reine de Hongrie* du dernier Salon; M. Jacquand et M. Lepoitevin, plusieurs tableaux; et M. Rodolphe Lehmann, une belle Italienne des Marais Pontins.

Dans les pastels, M. Antoine Moine a un gracieux portrait de femme, de grandeur naturelle; M. Maréchal, quelques compositions vigoureuses; M. Vidal, plusieurs jeunes femmes si distinguées, si élégantes, si coquettes, si fines et si fraîches, qu'elles feraient le désespoir des bergères de Watteau, de Boucher et de Fragonard.

II

M. Decamps, etc.

M. Decamps a déjà traduit plusieurs passages de la Bible. On se rappelle son exposition de 1839, *le Supplice des crochets* et *les Bourreaux turcs*, *les Singes experts, le Joseph* et *le Samson* tuant les Philistins à la porte de la caverne d'Etam. Cette histoire dramatique de l'Hercule aux longs cheveux a toujours préoccupé M. Decamps. Il n'y a pas, en effet, dans toute la tradition antique, même dans la tradition grecque ou romaine, une histoire qui représente mieux l'antiquité que la vie de Samson. C'est un héros tout-à-fait homérique. C'est la fatalité, la force, l'amour, la trahison, la vengeance. Il n'y a pas non plus d'histoire plus humaine et plus profondément symbolique. Les croyances, les mœurs, les caractères de la civilisation primitive y sont gravés dans chaque fait avec un relief et une violence incomparables. Cette légende est tout d'une pièce et se déroule inexorablement en quelques versets. La femme qui décide de tout dans ce drame rapide apparaît dès la première scène. La femme sera le mauvais génie de l'homme fort, du prédestiné dont le nom signifie *semblable au soleil*.

A peine le fils de Manué est-il sorti de l'enfance, qu'il descend chez les Philistins pour voir leurs femmes, et il revient aussitôt vers son père demandant pour épouse une fille *qui a plu à ses yeux*. Premier amour. C'est en retournant vers elle qu'il déchire le jeune lion comme pour préluder aux grands combats qui l'attendent. Durant

les sept jours des fêtes nuptiales, sa femme pleure devant lui et l'importune afin de savoir le secret de l'énigme qu'il a proposée aux Philistins. Le brave Samson se laisse attendrir. Première trahison. Mais pour payer le prix de sa gageure, il tue et dépouille trente de ses ennemis. Première vengeance.

Cependant sa femme l'attire encore, et lorsqu'il apprend qu'on l'a donnée à un autre, *l'esprit de Dieu le saisit*. Il incendie les campagnes, il entasse les morts sur les morts, et il tue mille hommes avec une mâchoire d'âne. Tout va bien et Samson se félicite de sa victoire, *en chantant*.

Après cela, comme dit la Bible, il alla à Gaza, et, voyant une courtisane, il monta chez elle. Les Philistins fermèrent les portes de la ville pour le tuer, quand il sortirait au matin. Mais il se lève au milieu de la nuit et vole les portes qu'il va cacher au sommet d'une montagne. Les Philistins sont bien attrapés

Après cela, il aima une femme qui demeurait dans la vallée de Sorec, et qui s'appelait Dalila. Samson ne résiste jamais aux femmes. Troisième amour qui sera le dernier.

Dalila, comme les autres, conspire avec les ennemis de Samson. La fille d'Ève est corrompue par l'argent comme la Danaë grecque. Elle supplie son amant de lui révéler le mystère de sa force. Samson se moque d'elle avec son insouciance ordinaire, et il continue de jouir de la courtisanne. Une nuit, pendant qu'il dort, elle le lie avec des cordes neuves et lui crie : Samson, voilà les Philistins qui fondent sur vous. Celui-ci se précipite hors du lit, rompt les cordes comme un fil léger.

— Tu m'as trompé et tu as menti, dit la femme. Jusqu'à quand me tromperas-tu ? *Comment peux-tu dire que tu m'aimes,* puisque ton esprit n'est pas avec moi ?

La patience du tranquille Hercule est enfin vaincue. Dernière trahison qui réussit.

La Bible n'as pas flatté le caractère de la femme.

Samson, comme Hercule aux pieds d'Omphale, dort sur les genoux de Dalila, et repose sa tête sur le sein de la courtisanne ; et le ciseau perfide rase les sept tresses du Nazaréen.

Alors les Philistins enchaînèrent le lion sans crinière ; ils lui crevèrent les yeux et l'attelèrent à une meule dans une sombre prison.

Cependant les cheveux de Samson repoussaient petit à petit.

Et les Philistins, pour célébrer leur triomphe, se réunirent en un grand festin, et firent amener le captif dans le temple. Samson dit à l'enfant qui le conduisait : Laisse-moi m'appuyer contre les colonnes pour me reposer ; et aussitôt, secouant les colonnes de l'édifice, tous ses ennemis furent écrasés sous les ruines. *Une seule vengeance pour la perte de ses deux yeux*. Il en tua plus en mourant qu'il n'en avait tué pendant sa vie.

M. Decamps a divisé cette légende sublime en trois actes et neuf tableaux. Le premier dessin représente *l'Annonciation*. Au milieu d'une plaine immense, Manué et sa femme offrent un holocauste au Seigneur, qui leur promet un fils, et l'ange de Dieu s'envole vers le ciel, dans la flamme du sacrifice.

Le second tableau est le *Combat avec le Lion*. Le pauvre lionceau suspendu dans les griffes de l'homme fait une triste figure. M. Decamps l'a rapetissé à dessein par contraste avec son jeune Hercule. Cette tête de lion grimace un peu comme une tête de singe, et la victoire paraît trop facile. Rubens, que M. Decamps connaît à merveille, a mis bien plus de terreur dans ces luttes souvent répétées du roi de la création avec le roi des animaux. Chez Rubens l'homme et le lion se tiennent corps à corps, et les deux têtes se ressemblent ; mais cependant on n'a point d'inquiétude pour l'homme. Le Samson de M. Decamps est assez fort aussi pour déchirer un vrai lion.

Après la force, voici la ruse. Le paysage est éclairé par les derniers rayons du soir et par les feux sinistres qui courent çà et là sur les moissons et sur les cabanes. La campagne est désolée et les populations en fuite. Un ciel rayé d'ombres noires et d'éclats lumineux s'appesantit sur ce grand désastre.

Au premier plan, une statue gigantesque est assise sur un roc comme le génie de la destruction. C'est le juif terrible qui suit de l'œil ses renards aux torches enflammées. Cette figure de Samson est d'une grandeur et d'un style qui rappellent les œuvres de Michel-Ange. La tête presque en profil perdu, est belle et pleine d'ironie. Le dessin des membres est ferme et correct comme chez les maîtres les plus savants. L'effet général est saisissant, étrange, fantastique, comme les hallucinations de Martinn, avec autant de poésie et de mystère, mais avec bien plus de vigueur et de réalité. Les tableaux de Martinn sont des rêves débiles qui flottent vaguement comme des fantômes aux formes imparfaites. Ici tout est accentué, irrécusables. L'exécution est aussi énergique que la conception est vaste, originale et surprenante.

La vengeance est commencée: le second acte nous en montre d'autres épisodes. Dans le quatrième tableau, *Samson défait l'armée des Philistins*. Sa chevelure flotte à tout vent. Ses jambes robustes foulent des corps meurtris. Il étouffe entre ses bras, je ne sais combien de guerriers qui pendent comme des lambeaux autour de ce colosse ; et l'irrésistible vainqueur brandit en l'air la fatale mâchoire. Les soldats dispersés se sauvent de tous côtés. C'est là qu'on retrouve, vers la droite, ces cavaliers des bas-reliefs grecs, que M. Decamps s'est déjà appropriés avec tant de bonheur dans la *Défaite des Cimbres* et le *Siége de Clermont*. A gauche, sur une éminence couronnée d'arbres, les Israëlites contemplent le massacre et la déroute de leurs ennemis.

De même que dans le tableau précédent le peintre avait rompu la tristesse du fusin par des rehauts de couleur à l'huile dans le ciel, de même ici il a employé le pastel pour enrichir et varier le centre de sa composition. Le groupe de Samson est sanglant et fauve, tandis que les fonds sont enveloppés d'une demi teinte grise harmonieuse. La chevelure noire sur le ciel est superbe. On ne pourrait critiquer que la jambe droite du Samson, dont le dessin manque d'accent et de finesse à l'attache du pied, quoique le mouvement soit juste et fort.

Le cinquième tableau est un effet de nuit en plein paysage. Le talent de M. Decamps ne s'effraie de rien. Il n'y a pas beaucoup d'artistes qui aient osé peindre l'obscurité de la nuit. Car la peinture ou la couleur, c'est la lumière. Les tableaux de Van der Neer sont généralement des effets de soir; Van der Neer se couche avant minuit. L'obscurité n'est donc jamais complète et monotone dans les tableaux de Van der Neer; le peintre se sauve de la difficulté par quelques pointes de rayons qui blémissent encore à l'horizon; Phébus lui permet toujours de retenir quelques boucles de sa longue chevelure dorée, tandis qu'il continue sa course circulaire. Van der Neer a ainsi la ressource des contrastes et d'une certaine dégradation de la lumière, depuis les premiers plans sombres jusqu'au crépuscule du ciel. Dans les clairs de lune qu'il a risqués, dans les clairs de lune d'Adam Elsheymer et de quelques autres, c'est encore la même ressource d'une gamme en mineur. Sous la lune, le principe lumineux est blanc, au lieu qu'il est jaune sous le soleil. Les clairs de lune et les soirs sont donc bien moins difficiles que la pleine nuit.

Mais la nuit est un préjugé. Il n'y a jamais nuit noire ; au minuit le plus obscur, l'air n'est jamais absolument opaque. L'œil s'habitue à la transparence des ombres les plus épaisses. N'y a-t-il pas des animaux et des oiseaux qui voient clair la nuit? La faculté n'est pas seulement dans leur œil ; elle est encore dans la nature. La nuit, relativement à l'homme, accuse l'imperfection de ses organes, mais non pas l'opacité impénétrable des ténèbres.

Rembrandt, cet amoureux-fou de la lumière, s'est aussi arrangé quelques fois de la nuit, sans lune ni lampe, dans plusieurs eaux-fortes ou paysages. Parmi les contemporains, je ne connais que Rousseau qui s'en soit tiré à son honneur ; car celui-là aussi regarde la nature à toute heure, la nuit, le matin ou le soir, comme en plein midi.

M. Decamps a donc lancé son regard perçant jusqu'au sommet de la montagne que

Samson escalade avec son fardeau. Il est minuit juste, suivant le Maistre de Saci, et le dos de la montagne tranche à peine sur les fonds. Samson paraît comme une petite fourmi noire traînant un fétu sur un talus immense. Nous doutons cependant que la nuit donne cet effet et permette de distinguer à une pareille distance. Le génie du peintre aurait pu trouver une combinaison plus heureuse et plus fantastique. L'ombre des premiers plans est lourde et uniforme, surtout dans le panache arrondi d'un arbre qui sert de repoussoir.

Voici un autre effet de nuit qui est admirable ; mais la scène se passe dans un intérieur. Dalila est couchée sur son lit et appuyée sur le coude, le bras droit étendu en avant. Son attitude noble et sereine, la beauté de sa figure et de son geste ont beaucoup d'analogie avec les femmes antiques représentées sur les bas-reliefs ou les camées. L'art romain nous a laissé plusieurs

Cléopâtres dans ce style simple et grandiose qu'il tenait encore de l'art grec. Les draperies de Dalila sont élégamment collées au torse comme les draperies antiques et dessinent le modelé parfait du corps de la courtisane. Samson s'élance à tous crins hors de la couche de sa perfide maîtresse qui demeure impassible. Il ouvre de grands yeux pour voir où sont les Philistins. Sa chevelure rayonne dans une auréole touffue autour de sa tête effarée, et la corde brisée glisse sur ses membres. L'homme et la femme sont superbes de contraste; celui-là, toutefois, porte sur son visage une expression exagérée et un peu commune. L'entourage du groupe est simple, sans accessoires, tranquille et harmonieux.

Ce tableau sert de transition au troisième acte et au septième tableau: l'imprudent amant a perdu ses tresses magiques et sa vigueur indomptable. Des soldats armés l'entraînent hors du palais de la courtisane.

Le soldat qui marche à sa droite ressemble à quelque vigoureuse figure de Salvator. A une fenêtre, on voit une femme paisiblement accoudée, et qui tient en main des ciseaux. Le peintre aurait pu lui mettre une bourse dans l'autre main, comme à Judas Iscariote. L'architecture du palais est d'un très beau style que M. Decamps a sans doute inventé. M. Decamps ne serait pas embarrassé pour nous faire des édifices publics un peu plus magnifiques que les baraques des architectes officiels.

Cependant Samson tourne sa meule avec une puissance et un stoïcisme antiques. Sa grosse tête aveugle est inclinée vers le sol et médite sans doute une vengeance digne des premiers exploits. Le gardien est assis contre un mur, tenant son pied dans ses mains. Aux grilles extérieures de cette sombre cave, s'accrochent quelques figures curieuses qui contemplent l'ennemi dompté La lumière, pénétrant par une ouverture étroite, glisse sur l'homme et sur la machine à laquelle il donne le mouvement, et laisse tout le reste de la prison dans une triste obscurité. Hélas! Samson n'est plus réjoui par les rayons du soleil. Quand Jehovah qu'il implore lui accordera-t-il une seule vengeance pour la perte de ses deux yeux? *Pro amissione duorum luminum unam ultionem.*

Nous touchons au dénoûment : le palais où sont assemblés les chefs des Philistins, les hommes et les femmes, et tout le peuple qui pèse sur Israël, le palais où Samson vient d'être introduit, craque de toutes parts. Les colonnes de granit s'écartent comme des roseaux, ou éclatent comme du verre sous les mains puissantes du Nazaréen. Il est là, de face, au milieu de l'édifice qui s'écroule sur la tête des convives, et qui les recouvre d'une nouvelle couche de morts et de mourants, précipités d'en haut comme un torrent par la gueule d'une caverne. Les hommes et les femmes tombent pêle-mêle, les cadavres sur les vivants qui veulent échapper à cette grêle de ruines. Mais les issues sont encombrées, et cette foule splendide va périr écrasée autour du héros juif.

Ce neuvième tableau est d'une rare magnificence. Plusieurs figures de femme ont une tournure et une expression qu'on trouve seulement dans les écoles de la Renaissance italienne. La couleur des groupes est riche et abondante ; mais la lumière qui frappe l'architecture en précise un peu trop maigrement les lignes. La pierre est d'un ton moins sec dans les dessins précédents. C'est le seul reproche qu'on puisse adresser à cette composition grandiose et compliquée. Peut-être aussi rencontre-t-on quelques mouvements un peu trop vulgaires dans certaines figures qui sont en désaccord avec le caractère sévère et élevé du style général. Il arrive quelquefois à ce grand artiste de laisser tomber une image hasardée qui est une réminiscence de ses sujets spirituels où il manie la caricature avec tant de finesse. Le lion du second tableau ressemblait à un singe, voici que l'ombre de cet homme qui se sauve ressemble à un caniche galopant côte à côte avec son maître ; ce qui n'empêche pas l'homme et l'ombre d'être un tour de force dans ce chef-d'œuvre.

Cette épopée du Samson est certainement une des productions les plus extraordinaires et les plus fortes de l'art contemporain. C'est pourquoi nous l'avons étudiée avec enthousiasme et décrite avec un soin particulier.

Les œuvres dignes d'enthousiasme sont si rares, même à ce beau Salon de 1845! Après M. Decamps et M. Delacroix, après les charmants portraits de M. Diaz et les fins caprices de M. Meissonnier, il y a encore beaucoup d'hommes habiles et de tableaux intéressants ; mais de tableaux qui vous émeuvent, qui vous impressionnent vivement, qui surexcitent votre sentiment poétique, combien en compte-t-on ? Le succès des tableaux que la foule admire est un succès de banalité et non point un témoignage d'art.

Par exemple, un tableau où sont noyées de véritables qualités de peintre, c'est *le Chapitre de l'ordre du Temple*, par M. Granet. Il est dans le salon carré, en face de *la Smala*. M. Granet n'avait guère fait encore de composition de cette importance. Les nombreux personnages rangés à droite et à gauche et vus de dos sont très bien peints, d'une bonne couleur, juste, sobre et forte à la fois ; mais le centre de l'assemblée, où siége Robert-le-Bourguignon et où s'étale une lumière jaunâtre et fausse entre les colonnes recouvertes d'un rouge vineux, perd le tableau. Il n'y a plus d'ensemble, plus d'effet, plus d'unité, plus d'harmonie. L'œil blessé se détourne de cette couleur disgracieuse, et l'on oublie même l'ordonnance et l'exécution du premier plan.

Non loin de ce *Chapitre de l'ordre du*

Temple, est un autre chapitre contemporain, *le Conseil des ministres tenu aux Tuileries le* 15 *août* 1842. M. Jacquand qui a tant cherché à imiter M. Paul Delaroche et qui a réussi dans ce dessin héroïque avec un bonheur de daguerréotype, est l'auteur de ce tableau sans esprit, sans élévation, sans caractère et sans couleur. Les personnages qui, à la vérité, ne sont pas tous faits à peindre, se tiennent roides et engoncés dans leurs habits luisants, comme des figures de carton. Les congrès de MM. Granet et Jacquand ne valent pas tout à fait le *Congrès de Munster*, de Terburg, ni le *Concile* du Titien, ni même l'*Assemblée des Experts*, de M. Decamps.

Le commun est en plein succès aujourd'hui, et je ne veux pas croire qu'il en ait été ainsi dans tous les temps, ni que dans l'avenir la foule ne soit pas destinée à avoir jamais le sentiment de l'art véritable et de la beauté, de la poésie et du style. Il est malheureux qu'on encourage aujourd'hui officiellement les capacités les plus vulgaires au détriment des artistes distingués. Tandis qu'on refuse M. Delacroix et M. Maindron, le sculpteur, et M. Fernand Boissard, et bien d'autres jeunes artistes dont nous avons appris l'exclusion, c'est M. Pingret qui est appelé à la faveur de représenter les scènes solennelles de la monarchie. C'était Velasquez qui accompagnait Philippe IV, au XVIIe siècle ; c'était Titien qui peignait Charles-Quint et François Ier au XVIe. M. Pingret répondra devant la postérité pour le XIXe siècle.

M. Pingret a donc exposé à l'admiration publique, une bataille quelconque, commandée par la maison du Roi, *l'Arrivée du roi au château de Windsor* et *l'Empereur de toutes les Russies occupant Paris avec les alliés en* 1814. Voilà un sujet peu orthodoxe et un souvenir malencontreux pour le peintre du roi des Français.

Le chantre du Lutrin dirait que la peinture de M. Pingret est comme son nom, sèche, pingre, mince, avare, aiguë, sifflante et criarde. C'est la Providence qui a baptisé

> Et Gorillon la basse et Grandin le fausset,
> Et Gervais l'agréable et Guérin l'insipide,

afin que chacun soit prévenu par une enseigne sonore. Le nom de M. Pingret n'est point trompeur.

Mais nous avons voulu de *l'actualité* dans les arts. Nous avons tous, plus ou moins, crié depuis dix ans que l'art devait se tourner quelque peu vers la réalité contemporaine. Nous en sommes bien punis aujourd'hui par ce prosaïsme ridicule qui a pullulé comme la mauvaise herbe et qui menace d'étouffer les pousses timides de la poésie. Ah! vous demandez des habits de drap et des chapeaux en tuyau de poêle ; en voilà. Ah! vous demandez qu'on habille Hercule et Apollon; voilà des culottes et des faux-cols et des bottes à reflet. Si bien que la nature humaine a disparu sous cette friperie.

Nous sommes tombés dans le naturalisme du laid, non pas dans ce naturalisme ardent et capricieux du Caravage, du Valentin, du Manfredi, ou d'Ostade, ou de Murillo, mais dans une imitation grossière et basse. Il y a plus d'art dans les tournures violentes du Caravage, dans les partis d'ombre et de lumière du Valentin, dans les gueux d'Ostade, dans les pouilleux de Murillo ou dans les *nature-morte* de Jean Fyt, que dans tous les sujets ingénieux des peintres bourgeois.

On disait au temps du romantisme, qu'il y avait plus de poésie dans un bonhomme de Brauwer que dans tous les dieux de l'école académique. Nous revenons encore à Brauwer. A défaut du sublime, qu'on nous rende l'esprit et la naïveté. Les Flamands sont moins laids que les portraits du Salon. Ils ont de l'originalité, des nez bizarres et une façon de porter les culottes que vous ne saurez jamais imiter. Ils n'ont guère de bretelles ni de sous-pieds, ces mendiants superbes, ces Diogènes de tabagie, ces grands philosophes. Ils ne posent point la main sur la hanche, mais le coude sur la table. Comme ils pensent, comme ils causent, comme ils traitent gaîment la vie! La comparaison avec nous est tout à leur avantage. A défaut de Raphaël, rendez-nous Brauwer. A défaut de Gros, rendez-nous Prud'hon. Rendez-nous Ajax lui-même et les héros antiques habillés avec un simple casque et des cothurnes. Au rebours de Diderot qui s'écriait en 1755 : délivrez-nous des nudités! nous pourrions réclamer aujourd'hui un peu de paganisme en plein air. Rendez-nous Vénus et Cupidon.

III

M. Delacroix, etc.

Il serait intéressant qu'on expliquât une bonne fois au public pourquoi M. Delacroix est un grand peintre, non-seulement dans le présent et dans toute la série des peintres français, mais encore par comparaison avec toutes les écoles éminentes d'Italie, d'Espagne ou de Flandre; pourquoi les quelques critiques qui entendent les arts s'acharnent, malgré le jury, malgré le vulgaire, à admirer ses œuvres; pourquoi enfin, depuis vingt ans que M. Delacroix est un artiste illustre, et qu'il répand partout les trésors de son talent, il n'a pu conquérir cependant l'approbation de la foule. On ne peut nier que M. Delaroche, M. Horace Vernet, M. Dubufe, M. Brascassat, M. Biard et quelques autres sont plus populaires à l'exposition. Il est certain aussi que M. Decamps et M. Ary Scheffer, deux artistes supérieurs, sont bien plus accessibles au public que M. Delacroix. M. Decamps doit son succès universel aux premiers sujets qu'il a représentés, sujets simples et clairs qu'il prenait très bas et qu'il élevait très haut. On peut douter que M. Decamps eût réussi s'il avait commencé par les superbes dessins de 1842 et de 1845. On s'est décidé à l'accepter, non parce qu'il est un grand artiste, mais *quoique*. Ses qualités plastiques, originales et distinguées, ont bien failli le brouiller avec les profanes. M. Scheffer serait *incompris* assurément, en vertu des qualités mêmes de son art et de l'élévation de sa pensée, s'il n'aboutissait à l'âme par une fibre commune qui est le sentiment humain. Ces deux peintres éminents sont les seuls peut-être qui aient le privilége d'unir le suffrage des promeneurs au suffrage des artistes et des critiques.

Mais M. Delacroix, nous sommes quelques centaines en France, tout au plus, qui avons imposé à la multitude une sorte de respect aveugle pour sa renommée, sans avoir réussi à le rendre sympathique. N'est-ce point que la critique a toujours eu le tort de vouloir faire comprendre la peinture à des gens qui ne comprennent point l'objet de la peinture? Pour être initié à la beauté de l'art, il faut commencer par être initié à la beauté de la nature et de la vie. C'est peut-être une hérésie dont nous sommes complices, d'avoir toujours soutenu que l'art est une chose exceptionnelle, radieuse pour les adeptes, obscure pour les profanes. Du moins, la question est mal posée, car, qui sent bien la nature, concorde ordinairement à une certaine expression de la nature, par une forme ou par une autre, par les lettres ou par la musique, sinon par la peinture. Il en est ainsi, dans tous les arts, non-seulement dans les arts plastiques, mais dans l'art le plus populaire et le plus expansif, dans l'art de l'écrivain et du romancier.

C'est là vraiment le grand rôle de la critique d'élever à soi les indifférents ou les aveugles. Cette mission est absolument la même que celle du journalisme politique, qui défend un certain principe, qui en expose les raisons fondamentales, et qui le montre fonctionnant et se manifestant dans ses résultats. Quand l'éducation poétique en général est faite, alors commence l'éducation d'un art spécial; car il est possible d'être très artiste de sentiment, sans pénétrer la peinture, témoin plusieurs grands poètes contemporains qui s'égarent complètement dans leurs admirations.

L'introduction à toute critique d'art devrait donc être une explication de la beauté.

La beauté est le fond même de l'art, comme la justice est le fond de la politique, comme la vérité est le fond de la phisosophie. Ces notions sont même si élémentaires, que tout le monde a la prétention de se connaître en art, comme tout le monde juge avec assurance la politique ou la morale; c'est-à-dire que la justice et la beauté sont des choses si humaines, que le premier venu se sent une conscience et un cœur pour prononcer.

Seulement, la beauté est multiple, variable, fugitive, insaisissable, éternellement renaissante. Il y a tant de manières de sentir la beauté !

Rien n'est plus près du rire que les pleurs.

La beauté est variable comme l'esprit, parce que la beauté est la vie extérieure, comme l'esprit est la vie intérieure. L'esprit étincelle par moments ou s'obscurcit. De même, la beauté se manifeste dans certaines attitudes, sous certaines impressions, dans certains effets. Cette beauté est si subtile, que le même objet peut être très laid ou très beau, selon le moment où vous le prenez. Un panier de pommes est froid et âcre de couleur, ou il peut ressembler à des pierreries. Le même être a bien des aspects. Il faut le retourner à droite ou à gauche, par ici ou par-là, pour trouver son sens divin; car tout est beau à un moment donné. Montaigne a écrit : « On ne peut pas dire : tel homme est brave, mais tel homme a été brave tel jour. » Il est rare que la plus charmante femme soit belle avec la colique. Mais on peut la peindre en pleine santé, quand elle resplendit. Diderot a dit aussi : « Une femme nue peut être moins indécente qu'une femme habillée. » L'art est donc surtout un choix, un parti pris, une conviction.

Qu'est-ce donc que la beauté? On a fait un million de torses d'après les plus belles femmes de tous les pays ; mais le torse de la Vénus de Milo est resté le plus beau du monde. Pourquoi?

Il s'agirait donc encore une fois de s'entendre sur la beauté.

Il y a d'abord la beauté éternelle, immuable, absolue, et en quelque sorte abstraite, beauté régulière et permanente, qui est du domaine de la philosophie autant que du domaine de l'art, quoique la sculpture grecque l'ait atteinte en quelques chefs-d'œuvre. Le beau, c'est la splendeur du vrai divin, comme dit Platon; mais il y a aussi la beauté accidentelle, contingente, la beauté d'effet, si l'on peut ainsi dire.

Vous vous arrêtez dans la rue à voir passer une belle femme, à voir marcher un ouvrier, à voir caracoler un cheval, à contempler un effet de lumière sur le toit d'une maison. Pourquoi? vous rencontrez partout des femmes plus élégantes, des hommes mieux bâtis, des chevaux plus chers, des maisons plus riches, mais vous avez saisi par hasard un mouvement heureux, un aspect original. En ce sens-là, il y a de la beauté en toutes choses, sous certaines influences, comme les passions pour les hommes, ou comme le temps pour les objets inanimés. Mais il n'y a pas beaucoup de gens qui sentent la beauté, bien moins encore qui sachent dire ou peindre par quoi une chose est belle. Les paysans ne comprennent rien à la nature qui les enveloppe; la plupart des hommes civilisés ne comprennent rien à l'humanité qui vit en eux et autour d'eux.

Voici une belle femme bien campée et bien portante. Combien elle sera plus belle sous une impression vive, sous le magnétisme des passions! Et de même, prenez la première personne venue, une paysanne qui allaite son enfant, un chiffonnier qui va se battre en Juillet, leur tournure peut s'élever jusqu'au sublime.

J'étais une fois sur le trottoir de la rue Saint-Antoine, regardant autour de moi un peuple de travailleurs ou de mendiants. Une femme hâve et déguenillée, tenant un enfant entre ses bras, venait à ma rencontre. Elle n'avait guère de tournure ni de beauté, avec sa maigreur chétive et ses haillons. Comme elle traversait la chaussée, une voiture bourgeoise lancée au galop la renversa elle et son enfant sous la roue. Son buste se redressa subitement, les bras étendus pour protéger l'enfant. Elle eut une seconde de suprême beauté, un mouvement maternel de protection, comme un oiseau sacré qui couverait un dieu de ses ailes. Je n'ai jamais rien vu de plus souverainement admirable dans le *Massacre des Innocents*, de Raphaël, ou dans *les Sabines*, du Poussin. Heureusement, l'enfant et la mère se trouvèrent entre les deux lignes des roues et se relevèrent sans blessures.

La beauté dans la nature, dans le paysage, dans le ciel, est bien plus incommunicable encore aux esprits vulgaires. Cette vie qui circule dans les arbres, dans les rochers, qui rit dans les eaux, qui scintille sur les flancs de la campagne, qui anime joyeusement toute la création, échappe aux indifférents et au commun des heureux du monde.

M. Eugène Delacroix sent surtout la beauté de l'effet. Il n'eût été sans doute qu'un sculpteur étrange, car la sculpture exige une beauté calme et permanente ; mais l'essence même de la peinture est de saisir un aspect variable, un imperceptible moment ; voilà pourquoi les esquisses sont ordinairement plus belles et même plus vivantes que les études d'après nature ou les tableaux finis sur le modèle. M. Delacroix est un homme qui sait choisir le bon moment. Il lui faut en général la beauté agitée, passionnée, ardente, comme dans les femmes grecques du *Massacre de Scio*, ou dans *la Médée*, cette magnifique peinture qui, au musée de Lille, lutte avec les Rubens et les Van Dyck. Et cependant M. Delacroix a encore exprimé avec un rare bonheur la beauté tranquille et voluptueuse dans ses *Femmes d'Alger*, du

Luxembourg. C'est que les personnages de M. Eugène Delacroix font toujours bien ce qu'ils font. On n'est pas plus pensif et plus noble que le jeune Hamlet contemplant le crâne d'Yorik, présenté par le fossoyeur avec un brusque mouvement. Au *Pont de Taillebourg*, on se bat à merveille. Dans *la Noce à Maroc*, on danse avec volupté. Dans *la Mort de Marc-Aurèle*, on écoute avec recueillement. Et comme tous les détails sont en harmonie avec la pensée principale! Le passé s'assombrit dans les figures et dans les draperies des amis de Marc-Aurèle, et l'avenir est rouge comme la robe de Commode. La lumière ne frappe que sur le torse sanguinolent du jeune César, tandis que les philosophes du règne précédent s'éteignent dans l'ombre, aux pieds du grand empereur qui va mourir. Et comme la scène est austère et silencieuse! Quelle douleur morne dans les attitudes et les figures des vieux serviteurs de Marc-Aurèle! On sent bien qu'il s'agit dans ce testament solennel de la destinée de Rome et du monde.

Nous insistons sur la signification du talent de M. Eugène Delacroix, parce que les qualités de sa peinture touchent aux principes mêmes de l'art. C'est une bonne fortune d'avoir sous la main un poète et un praticien de cette force, pour expliquer et défendre la bonne cause dans les arts plastiques. L'art et la politique sont perdus s'ils laissent dépraver leurs principes essentiels. Une fois le dogme fondamental entamé, l'hérésie s'introduit de toutes parts et enveloppe la vérité.

On pourrait encore éclaircir cette question depuis si longtemps pendante, en la déplaçant dans des termes analogues. Lorsqu'on n'est pas d'accord sur les contemporains, on n'a d'autre ressource que l'affirmation, en attendant le jugement de la postérité. Mais du moins le passé un peu éloigné de nous a été jugé sans appel possible à une révision future. On doit s'entendre aujourd'hui ou jamais sur les maîtres des XVIe et XVIIe siècles. Eh bien! voyons si par hasard la sympathie de nos adversaires ne s'adresserait pas aux plus faibles peintres de toutes les écoles. S'ils se trompent sur les maîtres consacrés, ils peuvent bien se tromper sur les vivants. Allons au vieux Louvre.

Avez-vous vu les admirateurs de M. Brascassat s'arrêter devant Cuyp, Peter de Hoog ou Rembrandt? Non, ils préfèrent de beaucoup Ommeganck qui est le plus froid et le plus mesquin des peintres d'animaux. Ceux qui admirent à l'exposition les paysages de MM. Lapito, J. Coignet, Hubert et autres, sont assez mal à l'aise, au Louvre, devant Huysmans de Malines, Poussin ou Salvator. Enfin, ceux qui nient M. Eugène Delacroix s'extasient devant l'*Intérieur de cuisine*, de feu Drolling, ou devant l'*Atelier* de feu Cochereau, mais ils passent devant Rubens, qu'ils trouvent faux et ignorant. Quant à

Raphaël, on sait que les dimanches il est solitaire au Louvre, tandis qu'on fait queue à l'Albane ou à Mieris.

Nous avons donc quelque raison de persister dans l'admiration des artistes originaux. Prud'hon avait raison contre Girodet, et Géricault contre Guérin. Laissons Marc-Aurèle et le sultan de Maroc qui émerveilleront l'avenir et placeront M. Delacroix au rang des plus grands peintres. Prenons le sujet de la *Madelaine*, cette Cléopâtre qui se convertit en Héloïse. La femme aimée du Christ est renversée dans sa grotte. Sa belle tête repose sur la pierre sombre comme dans un sépulcre. On disait près de moi : Tiens ! une morte. — Oh ! la belle morte ! comme on voit bien que cette femme a beaucoup aimé ! Le sentiment frissonne le long de ses tempes, à la naissance de ses cheveux rejetés en arrière ! le mouvement de sa bouche violacée exprime encore la prière et la volupté. Oh ! que sa peau est fine et douce sous cette demi-teinte d'un tendre lilas bleuté! Il n'y a que le Corrège ou quelquefois Murillo pour avoir ces tons exquis et transparents. Dans un siècle, cette tête de la Madelaine vaudra plus cher que la *Bataille de la Smala*.

La *Sybille montrant le Rameau d'Or* est représentée à mi-corps et de trois-quarts. Sa main droite va toucher la branche sacrée. Sa tête a bien la sérénité antique, ses draperies sont belles et bien ajustées. Le bois qui sert de fond s'harmonise poétiquement avec la couleur générale, quoique le dessin du tronc de laurier, à droite, manque un peu d'élégance, et que les plans du paysage ne soient pas irréprochables.

Ces sortes de sujets, empruntés à la tradition antique, ne se rencontrent guère au Salon. La peinture tourne au ménage plutôt qu'à l'épopée, à l'ode et à l'héroïsme; ou bien elle continue les compositions banales de l'Histoire Sainte. Les sujets religieux ont été funestes en général au talent de nos peintres. Pour avoir de la verve et de l'éloquence, il faut, avant tout, de la conviction.

M. Gleyre, qui est, dit-on, un esprit distingué, et dont le *Soir,* exposé au dernier Salon, annonçait un vif sentiment poétique, a peint le *Départ des Apôtres allant prêcher l'Évangile.* C'est un prétexte magnifique pour un artiste original. Ces douze hommes, de toute condition et de caractères divers, qui s'en vont par le monde répandre la Bonne-Nouvelle, ces hommes, animés par la foi et le courage, qui s'en vont chercher le martyre, voilà de belles figures à peindre. M. Gleyre est resté froid devant cette poésie si caractérisée. Ses apôtres sont vulgaires et ne portent point l'esprit sacré de la Pentecôte. La langue de feu a glissé sur leurs têtes sans les animer. Les draperies sont roides, les figures communes, le dessin lourd; point de couleur et point d'effet.

Le Christ descendu de la croix, par M. Adolphe Brune, montre une exécution savante et vigoureuse. Le Christ est bien dessiné, et les figures qui l'entourent, bien drapées. M. Brune est un de nos peintres les plus habiles et les plus robustes. Il a le tempérament des grands maîtres. Mais il semble avoir perdu la verve et la fougue de sa première manière. Il y a longtemps que M. Brune n'avait exposé. Est-ce que le découragement l'a saisi au milieu de cette époque au caractère débile et flottant? Qu'il ne se retire pas de la lutte, où son talent prêchera victorieusement en faveur de la bonne peinture.

M. J.-B. Guignet est l'auteur d'un *Christ appelant les petits enfants;* il ne manque à tous ses personnages qu'un nez au milieu du visage pour avoir figure humaine. Le Christ, les enfants, les hommes, et surtout la femme agenouillée et vue de profil, sont absolument privés du nez, qui est pourtant indispensable dans une tête normale et complète.

M. Louis Boulanger a exposé *une sainte Famille et les Bergers de Virgile*: on ne saurait être à la fois payen et chrétien ; M. Sébastien Cornu, un *Jésus enfant prêchant au milieu des docteurs ;* M. Dugasseau , un *Christ entouré des fondateurs du christianisme* et une *Sapho* : la *Sapho* est d'un beau mouvement ; M. Boissard , un *Christ en croix ;* M. Tassaert, une *Vierge entourée d'anges*, où l'on admire des demi-teintes très fines; M. Etex, le sculpteur, un *Christ mort*, qui paraît un souvenir du Christ de Philippe de Champagne ; M. Lépaule, un *Martyre de saint Sébastien ;* M. Achille Dévéria , une *Sainte Anne instruisant la Vierge*, qui est sans doute à l'antipode de l'*Education de la Vierge*, refusée à M. Delacroix ; M. Hippolyte Flandrin, une *Mater dolorosa ;* M. Grosclaude, une *Madeleine repentante*, qui a raison de se repentir de sa laideur ; M. Hauser, un *Massacre des Innocents*, qui est fort innocent ; M. Auguste Hesse, un *Évanouissement de la Vierge;* M. Claude Thévenin (de l'Institut ?) un *Martyre de saint Sébastien.* Tout cela n'est pas gai pour les catholiques.

IV

M. Brascassat, etc.

Nous sommes assez embarrassé avec M. Brascassat, non pas à cause du peintre, mais à cause de l'homme qu'on dit d'un caractère modeste et contemplatif. On ne croirait jamais, à voir cette peinture mesquine et superficielle, que l'auteur se replie en soi-même et médite ses impressions. Cependant, comme nous ne sommes pas ici pour nous faire des compliments, mais pour étudier l'art véritable, pour en exposer les principes et les résultats, il faut oser dire ce qu'on pense.

La liberté de la critique est la condition première de la liberté de l'art.

M. Brascassat nous paraît en dehors de la tradition de tous les maîtres, et absolument privé d'un sentiment vivace et original, outre que son exécution est la plus faible et la plus commune du monde. Il ressemble, par la débilité de son style et de sa pratique, à tous ces mauvais peintres petitement adroits, dont Bruxelles et La Haye nous envoient les ouvrages que les amateurs ont le mauvais goût de payer fort cher. Les grands peintres flamands et hollandais seraient bien tristes de voir leur héritage tombé aux mains de M. Verboekoven, de M. Koekkoek, de M. Schelfout et des autres, qui sont censés continuer Van-Velde, Ruysdael ou Albert Cuyp.

M. Brascassat a exposé cinq tableaux dont le principal est *une Vache attaquée par des Loups et défendue par des Taureaux*, à l'angle gauche du salon carré. On disait derrière moi qu'il avait fait tuer une vache dans son atelier pour étudier cette agonie dramatique. On disait aussi, dans l'ancien temps, que Michel-Ange avait fait crucifier un homme en cachette pour modeler son Christ à la croix. La sculpture même de Michel-Ange ne valait pas le sacrifice d'un homme; mais, en conscience, la peinture de M. Brascassat vaut-elle la mort d'une vache?

La petite vache terrassée et bêlante est déchirée à la gorge par de petits loups, tandis qu'à droite un petit taureau se précipite à son secours, tandis qu'à gauche un autre petit taureau blafard culbute un petit loup gris. Les autres petits loups se sauvent dans un petit bois, comme de petits rats effrayés, dans un petit trou. Ces loups pour rire ressemblent, en effet, aux petits rats des champs qu'on appelle des mulots et qui se blottissent sous les herbes sèches. Tout celà tiendrait, taureaux, vache et loups anodins, dans une boîte en bois blanc, comme on en donne aux enfants le 1er janvier. Les animaux, les arbres, les maisons de M. Brascassat, ont le même style et la même grandeur que ces charmants jouets qui nous viennent, je crois, de la Suisse, dans des châlets en miniature, et qu'on range sur un guéridon pour l'ébahissement des petits enfants riches.

Si l'on pouvait faire vivre ces petits automates, ils conviendraient à merveille au général Tom Thumb pour compléter sa ménagerie et son ameublement ; le groom microscopique de l'illustre général américain étranglerait facilement une douzaine des loups-rats de M. Brascassat, et ses chevaux nains paraîtraient des colosses à côté du fameux taureau couleur d'orgeat délayé.

M. Brascassat voit le paysage comme il voit ses animaux de petite race. Peut-être réussirait-il à peindre en aquarelle les araignées et les fourmis pour l'illustration des livres d'histoire naturelle. M. Brascassat tourne vers la nature le petit bout de sa lorgnette, mais cependant si son œil était juste et son esprit créateur, il saisirait les proportions véritables des êtres, même sous leur aspect le plus diminutif; car, en réalité, un éléphant est toujours grand comme un éléphant, le regardât-on à une lieue de distance. Les petits bronzes des statues du tombeau de Jules II qu'on voit au Louvre sont aussi grands que les gigantesques statues originales, de Michel-Ange. Vous regarderiez avec la lunette grossissante de l'Observatoire les loups de M. Brascassat, qu'ils ne gagneraient point en grandeur. L'artifice des fortes lunettes de M. Arago ne change pas les proportions de la lune, mais elle nous en rapproche seulement et nous en fait distinguer les détails.

Ce phénomène de la proportion des êtres mesurés à l'œil nu ou avec le secours des lorgnettes et des microscopes, est un des mystères de la peinture. Il n'est pas, toutefois, absolument impossible de l'expliquer L'exécution de Mieris, par exemple, qui est le plus petit des peintres, nous donnerait peut-être des éléments pour résoudre ce problème. Ce qui fait que Mieris est si mesquin, c'est qu'il prodigue autant et plus de détails dans une petite figure, que les maîtres en mettent dans une figure colossale. Alors toute illusion de distance est détruite. Si vous regardez de près une figure de grandeur naturelle, vous en voyez nettement les lignes précises, le modelé, les méplats, les attaches et tous les accents particuliers. Mais reculez cette figure à une distance où elle n'apparaît plus que de la hauteur de la main, est-ce que vous saisissez le grain de la peau et chaque inflexion des contours? Vous voyez un ensemble qui est le même, mais qui s'accuse par des moyens très différents. Il suffit de la tournure générale et de quelques points lumineux pour que vous reconnaissiez la même structure que vous analysiez tout-à-l'heure sous votre regard.

C'est là l'erreur des peintres en petite dimension, de vouloir exprimer sur une miniature tout ce qui se manifeste sur un objet examiné de près. Alors le résultat qu'ils obtiennent est au rebours de leur désir. Les figures qu'ils ont représentées ne sauraient plus grandir à leur proportion véritable aux yeux du spectateur, par l'artifice conventionnel de la réflexion. On sent qu'elles sont près de nous comme une statuette ou un joyau, et la meilleure volonté ne peut les supposer à une distance suffisante pour qu'elles reconquièrent leur grandeur réelle.

Ce que les bourgeois admirent dans les tableaux de M. Brascassat en est donc justement le défaut capital et irremédiable. Les loups de M. Brascassat, et ses taureaux, et ses brebis, ont toutes sortes de petites recherches dans leur toilette. On compte leurs poils, on distingue la couleur de chacun de ces poils, comme on compte dans ses paysages chaque brin d'herbe ou de gazon, chaque feuille et chaque ride des arbres. Vous touchez donc du doigt à ces petits animaux de convention, vous les prenez dans votre main comme ces petits jouets si parfaits, qui sont revêtus d'un poil véritable, avec de petits sabots en corne et des yeux en verre de couleur.

Et ces ménageries factices sont disposées sur des planches peintes en vert jaune, ornées de pilastres plats qui simulent des arbres, et d'un fond en papier proprement lavé d'amidon délayé avec un peu de farine. C'est le procédé des décorations de théâtre ou des petits panoramas en carton.

Je connais à Paris une esquisse de Rubens dont le grand tableau, vendu en Angleterre, a été gravé par Panneels. C'est le *David terrassant l'ours et le lion*. Le lion est déjà gisant par terre, et la lutte continue corps à corps entre l'ours debout et l'homme qui va l'étouffer. Cet ours de Rubens est à peu près de la même dimension matérielle que les loups de M. Brascassat; mais il paraît haut de six pieds. Sa terrible gueule engouffre toute l'épaule colossale du David, qui est fort comme l'Hercule Farnèse. Ce groupe de six pouces pourrait servir de couronnement à l'Arc de l'Etoile. Les animaux de M. Brascassat seraient trop petits sur un socle de pendule.

Le second tableau de M. Brascassat, n° 211, est un pâturage voisin d'une ferme. Le chien jaune de la ferme apparaît à droite sous un échalier, et se tient en arrêt devant une petite vache rouge qui le regarde. Au milieu du paysage, une vache noire est couchée, et à gauche une chèvre blanche, en biscuit de Sèvres, vue par derrière, est occupée à se gratter. Nous n'avons pas pu reconnaître les deux autres toiles de M. Brascassat entre les sujets analogues peints par MM. Pàris, Humbert et autres artistes de même force ; ni sa fameuse *Marine*, vue du golfe de Naples, qui se confond aussi avec le commun des marines et des paysages.

L'exécution minutieuse et faible de M. Brascassat a beaucoup d'analogie avec l'exécution des peintres suisses, qui ont la prétention de peindre les Alpes et les orages. Celui-là cependant est moins sec et moins dur que MM. Calame et Diday. M. Brascassat voit la nature d'un ton jaune blafard; M. Calame voit vert bouteille sous un mauvais jour. M. Calame a exposé *un Orage*, M. Diday *les Suites d'un orage dans les Alpes*. Ces sujets sont ambitieux et difficiles. Rien que cela : les grandes Alpes avec les pins perdus dans le ciel, avec les cascades et les avalanches, avec les nuages et le vent, et toutes les fureurs de la tempête. Le talent froid et propre de M. Diday convient tout au plus pour peindre un petit châlet sur une petite colline tranquille. Son orage dans les Alpes n'inspire guère de terreur. A droite, quelques pins hauts d'une coudée, et les débris d'une chaumière sur de petits galets gris terne; à gauche, un torrent déchaîné dont les flots de coton tiendraient dans un verre à vin de Champagne, et sur le tout, les pics des Alpes qui ressemblent à de petits rochers de sucre candi ou à ces fragments de composition chimique, vitreux et verdâtres, qu'on voit exposés à la montre des pharmaciens. Le ciel est d'un tempérament lymphatique et d'un ton blanc sale, sans colères et sans profondeur. Un homme ordinaire cacherait dans ses poches les rochers du premier plan ; il enjamberait le torrent sans se mouiller la cheville, et il se mettrait à cheval sur les Alpes.

Le gouvernement français a nommé récemment M. Diday chevalier de la Légion-d'Honneur.

Les premiers tableaux de M. Calame ont eu beaucoup de succès il y a quelques années, sans doute à cause des sujets qu'ils représentent. M. Calame est élève de M. Diday, et il ne s'est point écarté de la manière de son maître. Il n'a pas plus de grandeur et de poésie, en présence des magnifiques aspects de son pays. M. Rousseau a bien mieux compris et exprimé le caractère de la nature, en Suisse, lorsqu'il a peint *la Descente des vaches dans un ravin*. M. Calame n'est pas fort sur les ciels, et par conséquent sur la lumière. Or, il n'y a point de paysage sans ciel. C'est la qualité particulière du ciel qui donne à toutes les représentations de la nature leur valeur et leur accent. Les ciels de M. Calame sont toujours gris et plats, sans rayonnement. La lumière et la chaleur ne circulent donc point sur la terre stérile et inanimée. Faute d'ombre et de lumière, M. Calame emploie uniformément une sorte de teinte crépusculaire et neutre qui est la même partout. Sa palette n'a que deux tons qui se combinent maigrement, un pauvre vert et un méchant gris.

Son *Effet d'orage* est exécuté comme tous ses tableaux précédents, et nous pensons que M. Calame est destiné à peindre toujours de la même sorte, quoiqu'il ait publié quelques dessins bien préférables à ses tableaux. Ce qui manque surtout à M. Calame, c'est une qualité native, qui ne s'acquiert point, la qualité de la couleur. On peut réformer la composition, étudier le dessin, développer même son sentiment poétique par la contemplation de la nature et le commerce avec les grands artistes; mais l'éducation et la volonté sont impuissantes à donner le sentiment de l'harmonie des couleurs, comme le sentiment de l'harmonie musicale. On naît coloriste, ou musicien, ou poète, par la grâce de Dieu, et cette royauté de droit divin n'échoit qu'à de rares privilégiés.

Les arbres de M. Calame, qui sont courbés comme des roseaux, à la droite de sa composition, sont du même vert âcre et monotone que les herbes couchées sur le terrain. On pourrait faire des branches d'arbre avec ces herbes, ou du gazon avec les rameaux, tant il y a peu de variété dans l'exécution de ces objets si différents. Le ciel est faible et ne recèle point la foudre. Cependant, le paysage a une certaine tristesse en rapport avec l'impression que l'auteur a voulu rendre.

Un critique écrivait l'autre jour : Il n'y a point de mauvaises écoles, il n'y a que de mauvais peintres. Si vraiment, certains systèmes sont dangereux à suivre et peuvent annuler les meilleurs peintres ; c'est en ce sens là que les fausses méthodes sont pernicieuses. Il est bien vrai qu'au milieu des plus déplorables écoles, les artistes de race montrent leur originalité par des écarts qui sont la critique même de la routine imposée autour d'eux. Gros a été un excellent peintre, quoiqu'il appartînt à une école détestable. M. Ingres est un grand artiste, quoique son système soit radicalement vicieux. M. Brascassat, MM. Calame et Diday de leur côté, partent d'abord d'un principe qui les égare : en se proposant d'exprimer tous les détails, ils aboutissent fatalement à sacrifier l'ensemble, l'effet général, par préoccupation d'une réalité minutieuse. Leur école est mauvaise au premier chef, et, par malheur aussi, ce sont de *faux bons peintres,* comme disait Diderot.

Voyez, encore une fois, où l'amour de la réalité, en opposition à tout idéal et à toute poésie, conduit l'école actuelle des Pays-Bas. M. Verboekoven peint un petit mouton aussi finement que feu Berré, qui s'étale au Luxembourg, et il croit être dans la tradition d'Adrien Van-Velde. M. Koekkoek pointille maigrement de petits paysages comme un élève timide, et il croit approcher de Wynants. M. Brias, de Bruxelles, avec *sa boutique de fruitier*, qui arrête la foule au Salon, songe peut-être à Metzu, et il reproduit simplement Franquelin. Le beau triomphe pour ces peintres et pour leur école! L'art, réduit ainsi à une simple question d'adresse, indépendante de tout sentiment idéal, détruit aussitôt l'originalité et va droit à l'imitation. Il n'y a pas aujourd'hui en Belgique et en Hollande un seul peintre qui ne soit imitateur : M. Van Schendel, dans ses effets de lumière, imite prodigieusement Scalken ; M. Schelfout croit imiter Guillaume Van-Velde ; M. de Keyser pense à Rubens ; M. Waapers à M. Paul Delaroche ; M. Van-der-Plaetsen, dans sa *Noce en voyage*, cherche Léopold Robert, et madame Fanny Geefs, dans son *Portrait de femme*, surpasse M. Dubufe.

M. Hornung est, comme M. Calame, du pays des Alpes. C'est pour cela qu'il a peint jusqu'ici dans la manière de Denner, le plus abominable des peintres dont on ait conservé le souvenir. Ce Denner, qui était un Allemand de la fin du XVIIIe siècle, avait imaginé de choisir d'affreuses têtes de vieilles femmes, et de les représenter avec toutes leurs rides les plus imperceptibles, avec les moindres petits poils, les moindres rugosités de la peau, constatées au microscope. Il y mettait une patience, une conscience, une obstination, dignes d'un meilleur but. C'est le Gerard Dow de la grande peinture, moins l'esprit et la finesse.

M. Hornung imitait donc cette manière peu alpestre de l'Allemand Denner, et la curiosité d'un de ses portraits a fait parler de lui à un des derniers Salons. Aujourd'hui, il expose un petit tableau de genre, intitulé : *Le plus Têtu des trois n'est pas celui qu'on pense*, un garçon monté sur un âne, avec une fille en croupe. Ce tableau jovial remplace agréablement les bouffonneries de M. Biard, dont nous regrettons bien d'être privés.

Cherchons encore les tableaux qui plaisent au public et qui naturellement n'ont pas, en général, les faveurs de notre admiration, car si la foule avait le sentiment complet et harmonieux des arts, la critique serait inutile, de même qu'il n'y aurait pas besoin de journaux si tout le monde avait la même opinion politique. Tout-le-monde aime les choses claires, simples, bien positives, qui sautent aux yeux, et Tout-le-monde a raison en cela. J'imagine qu'on ne s'attroupe pas devant les tableaux du général baron Lejeune qui, de peur qu'on ne prît ses arbres pour des moulins à vent, a eu l'ingénieuse précaution de faire imprimer au livret : « Les arbres sont : l'olivier, le palmier, la vigne, le laurier-rose, l'aloës. » Il ne manque qu'une étiquette ou une banderole à chaque objet, comme au temps de l'enfance de l'art, où, faute de savoir peindre une pensée par le geste et l'expression des personnages, on leur mettait un écriteau en guise de langue.

Tout-le-monde aime encore les sujets dramatiques, mystérieux ou terribles. L'*Inquisition* de M. Robert Fleury révolte les consciences honnêtes et vaut pour la morale publique un sermon du père dominicain Lacordaire, ou du père jésuite Ravignan. Le

Salomon de Caus à Bicêtre, par M. Lecurieux, passionne aussi la foule, qui s'intéresse vivement à ce pauvre grand homme, traité comme fou par Richelieu. Tandis que Marion-Delorme et le marquis de Worcester traversent la cour de Bicêtre, Salomon de Caus s'agite derrière les barreaux de sa cage. Il avait tout simplement inventé la vapeur. M. Lecurieux a peint ce tableau et les *Fiançailles de Rébecca* dans un ton jaune feuille-morte, très désagréable. On pourrait dire que ces peintures sont des *jaunailles*, comme on dit des grisailles.

Après cela on se repose devant quelque jeune mère portant un enfant dans ses bras, ou devant *les jeunes colons de Petit-Bourg secourant la vieillesse indigente*, par mademoiselle Allier. On sait les admirables résultats que M. Allier obtient à la colonie de Petit-Bourg, fondée récemment dans l'ancien château de M. Aguado, sur les bords de la Seine. Il y a là une centaine d'enfants pauvres qui vivent dans une étroite fraternité, travaillant à l'agriculture et aux arts mécaniques. M. Allier s'est tourmenté surtout de leur éducation morale, et la jeunesse est si naturellement bonne, quand elle n'est pas pervertie par des conditions anormales, que les colons de Petit-Bourg servent aujourd'hui d'exemple dans tout le pays. Le tableau de mademoiselle Allier représente une de leurs bonnes actions habituelles. Ces enfants pauvres trouvent moyen de porter le nécessaire à une vieille femme malade et dénuée de tout. Les têtes, naïves et bien portantes, sont des portraits, et l'on aperçoit dans le fond la tête intelligente de M. Allier, leur père adoptif.

Mais toutes ces émotions douces et terribles du promeneur au Salon, ne sont rien, comparées à l'intérêt universel qu'inspire la *Bataille de la Smala*. Les maris expliquent tous ces épisodes à leurs femmes, les pères à leurs enfants, les voltigeurs aux conscrits.

Il faut entendre toutes ces conversations qui durent un quart de lieue : — Tiens, en voilà un qui *tire* un fameux coup de sabre ! — Tiens, celui-là qui se sauve avec son argent ! — Tiens, une femme qui *dégringole* de dessus son chameau ! — Comme ces troupeaux se culbutent ; comme ces soldats ont les yeux flambants et le geste prompt !

C'est un succès prodigieux, et l'on assure qu'un industriel habile va ouvrir sur le boulevard le *Café de la Smala*, où un régiment de peintres en décors est déjà occupé à reproduire sur les murs l'incommensurable composition de M. Horace Vernet.

V

MM. Gigoux, Papety, Muller, Roubaud, Dauzats, Boulanger, Leleux, Hédouin, Isabey, Glaize, Rodolphe Lehmann, Baron, etc.

Plusieurs tableaux ont gagné aux déplacements qu'on a faits vers la fin d'avril dans l'exposition. La *Manon Lescaut* de M. Gigoux, qui se recommande par de solides qualités, a été transportée dans la première travée à gauche. Il faut beaucoup de lumière à cette peinture, dont les fonds sombres accusent une intention de mélancolie. Quelle que soit la liberté de l'artiste, on pourrait s'étonner que M. Gigoux ait choisi ce mo-

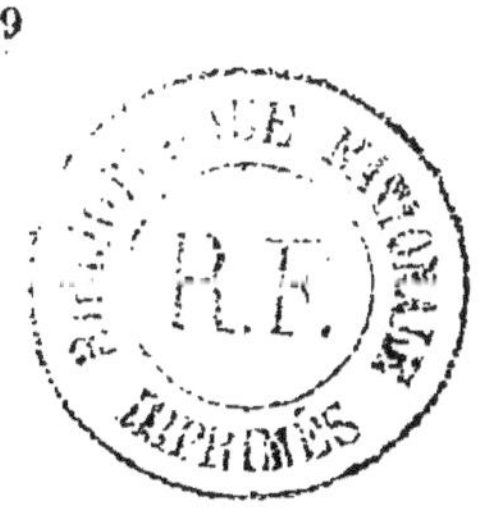

ment suprême de l'admirable roman de l'abbé Prévost. Le caractère de l'inconstante Manon est nécessairement effacé dans cette immobilité de la mort. Manon la fringante, Manon la folle maîtresse, qui aime tant la vie, l'agitation, le luxe et le plaisir, comment la retrouver dans ce cadavre étendu sur le sable du désert? Sa tête capricieuse ferait bien mieux sur les coussins d'un divan.

La voilà donc couchée pour toujours, et le pauvre chevalier, accoudé près d'elle, la contemple avec désespoir; la tête, déjà marbrée par le froid de la mort, est fort belle, et la ferme poitrine est bien peinte. On retrouve dans ce torse toute l'habileté pratique de M. Gigoux; mais la tournure de l'amant désolé n'est pas heureuse. M. Gigoux avait montré dans quelques figures de sa grande composition de *Cléopâtre* plus de sentiment du style. Peut-être cette proportion de grandeur naturelle s'accommodait-elle difficilement à un épisode romanesque qui semble plutôt appartenir à la *peinture de genre*.

Dans le salon carré, les grands tableaux n'ont pas été déplacés, sauf la *Bataille*, de M. Debon, qui ravive maintenant le lambris de gauche, et les *Martyrs chrétiens*, de M. Quecq, qui ont passé à droite. Le tableau de M. Papety, intitulé *Memphis*, a été repoussé vers la porte de la galerie, sans avoir encore trouvé une lumière favorable. L'auteur s'apercevra peut-être que la lumière doit être dans la peinture même. Le soleil extérieur ne saurait vivifier ces chairs couleur de suie, ni pénétrer jusqu'au fond de cette atmosphère opaque. M. Papety a eu là un beau mirage qu'il a été impuissant à exprimer. La pose en sphynx du jeune homme nu qui écoute l'harmonie de la harpe, est très originale, et le groupe des trois personnages a beaucoup de caractère et de charme.

Le *Sylphe endormi* et le *Lutin Puck*, de

M. Charles Muller, qui se font pendant, ont été rapprochés l'un de l'autre. Ce sont deux gracieuses fantaisies, très lumineuses et bien encadrées dans un paysage un peu vague, comme le paysage du *Zéphir*, de Prud'hon. Les chairs sont modelées avec une réalité qui rappelle la grasse école de Rubens. Mais il ne faut pas reprocher au peintre d'avoir matérialisé son sylphe diaphane et son lutin fantastique. La peinture est bien forcée de traduire en images saisissables les rêves légers et flottants de la poésie écrite. La jeune *Fanny*, entraînée par son chevreau dans un petit sentier bordé d'arbustes printaniers, est très attrayante et d'une bonne couleur.

M. Roubaud, qui a eu le bonheur de visiter l'Afrique, a exposé une *Fête mauresque aux environs d'Alger*, achetée par le roi de Wurtemberg. Une belle fille cuivrée danse au milieu d'un cercle d'hommes et de femmes nonchalamment couchés sous l'ombre d'une tente accrochée aux grands arbres. Les types mauresques sont bien rendus, et la couleur a de la richesse et de la variété.

Le *Couvent de Sainte-Catherine au Mont-Sinaï* nous paraît un des meilleurs tableaux de M. Dauzats, qui comprend à merveille la nature de l'Orient. Le site de ce couvent escarpé est extrêmement pittoresque. La lumière frappe en plein sur les murailles de cette cage inaccessible qui se dessine sur un fond de montagnes. Une caravane arrêtée aux pieds des rochers anime cette triste solitude. Les chameaux au col de serpent sont bien petits le long de ces blocs de granit, que M. Dauzats a peints avec une fermeté d'exécution digne de M. Decamps, et qu'on retrouve encore dans ses *Ruines de Djimilah*.

Les *Baigneuses*, de M. Louis Boulanger, ont un aspect mythologique très séduisant. Leurs formes rondes et voluptueuses, leur peau veloutée, toute cette beauté épanouie exigeait un talent de coloriste qui préoccupe sans cesse M. Louis Boulanger.

M. Armand Leleux a peint aussi des *Baigneuses*. Ce sont de fortes montagnardes de la forêt Noire, trempant leurs pieds dans un gai ruisseau, ombragé d'arbres élégants qui s'élèvent comme les colonnettes de l'architecture arabe. Ces belles filles de la forêt ont une désinvolture aisée et superbe qui fait songer aux Italiennes de Léopold Robert. Cette analogie entre Robert et M. Armand Leleux n'est pas si éloignée qu'on pourrait le penser à première comparaison. Tous deux prennent leurs types dans une race plébéïenne très originale, dont ils savent exprimer l'élégance et la beauté. Tous deux ont une pratique sobre, mais vigoureuse et caractérisée. On reconnaît facilement entre tous les autres un tableau de M. Leleux, et c'est le meilleur signe d'un talent distingué. Ses *Zingari* de la Lombardie-Vénitienne, arrêtés à faire leurs paquets, sur les marches d'une hôtellerie, sont à notre avis le meilleur tableau du Salon dans le genre de la peinture familière, qui n'a pas d'autres prétentions que de représenter les mœurs et la nature. A gauche, une femme assise avec une belle robe barriolée, tient son enfant entre ses bras; à droite, un homme se courbe sur un mannequin rempli de hardes, et au milieu un autre homme charge sur son âne le reste du mobilier ambulant. Ces trois personnages si bien groupés, ressortent sur l'architecture en arcades de bâtiments égayés par des plantes murales et par des rayons capricieux du soleil couchant.

Les deux tableaux de M. Adolphe Leleux sont dans le même style et offrent des qualités analogues. Les sujets sont pris dans la Basse-Bretagne et dans les Pyrénées.

Les paysans des Pyrénées ont encore trouvé un digne interprète dans M. Hédouin. Une file d'hommes et de femmes qui courent en chantant, barre toute la rue d'un village. Ils se précipitent en avant avec un élan si brusque et si joyeux, qu'ils menacent d'entraîner la foule du Salon. Les pauvres maisons qui bordent le chemin dans l'ombre, les fonds éteints dans un ton neutre, tout cela s'arrange très harmonieusement. Les attitudes des figures sont vraies et franches, la touche ferme et assurée, la couleur sobre et forte dans le sentiment de M. Leleux. On ne peut reprocher à M. Hédouin qu'une négligence naïve dans le dessin des extrémités.

M. Brun a exposé aussi deux tableaux très naïfs et très spirituels en même temps, dans le goût populaire. Le *Propriétaire et son Fermier* a surtout beaucoup de succès. Il est impossible d'imaginer une pose plus humble et plus burlesque que celle du fermier qui se présente, chapeau bas et le col désarticulé, devant son terrible maître en robe-de-chambre. Le petit du paysan suit le père pas à pas, geste à geste, comme son ombre. On voit bien que ce brave homme n'a pas payé son fermage et tout fait craindre que le bourgeois qui tourne le dos soit impitoyable

Cette scène de mœurs, qui se reproduit si souvent et qui touche à la vie des travailleurs, est presque de la bonne comédie, et, en outre, elle a le mérite d'être très bien peinte. Les farces de M. Biard n'ont pas ordinairement ces deux qualités.

M. Guillemin est à peu près de la même école, qui compose simplement un sujet très simple, sans fausse recherche dramatique. C'est quelque intérieur d'ouvriers, une famille pauvre, un fils près de son père mort. Son exécution est aussi très vigoureuse et sa couleur solide, mais un peu lourde.

Parmi les autres petits tableaux qui ont du charme et de la finesse, on remarque un *Petit Chien* assis près d'un chapeau de paille et encadré dans un berceau de feuillages, par M. Philippe Rousseau, l'auteur de l'excellente peinture qui représente la fable de La Fontaine, *le Rat de ville et le Rat des champs;* une petite *nature morte* avec des oiseaux d'une délicatesse exquise, par le même peintre : *Mon petit doigt me l'a dit*, par M. Steinhel, qui songe à M. Meissonnier; *les Deux Conseils*, par M. Compte Calix , et plusieurs *Enfantillages* très distingués, par madame Cavé, qui a peint avec amour les premières années de la vie de Paul Véronèse, de Thomas Lawrence et de Haydn; enfin, la jeune fille de M. Alexandre Couder, qui est assise devant une cage vide et qui déplore la mort de son perroquet; elle est vêtue d'une robe rose d'un ton charmant. Tout est tendre autour d'elle et comme elle, le fond gris perle et les petits accessoires de la table. Cela manque d'expression, de vivacité et de style, mais non pas de finesse et d'attrait.

M. Landelle, dont nous avons déjà cité les *Saintes femmes allant au tombeau*, est l'auteur d'un petit tableau digne d'éloges, *Fleurette abandonnée par Henri IV*. La jeune fille qu'Henri IV a séduite et délaissée, s'avance vers la fontaine où elle va se noyer, en jetant au ciel un triste et dernier regard. Sa tournure est pleine de noblesse et de sentiment. Il y a quelque chose des petites *Mignon*, de M. Ary Scheffer. Les pieds nus sont dessinés avec une pureté délicate, et l'ensemble du tableau est très harmonieux. M. Landelle, qui est jeune, à ce qu'on dit, deviendra sans doute un de nos bons peintres, s'il n'écoute que sa propre inspiration, et s'il travaille sérieusement sans imiter personne.

La *Bataille d'Ocaña*, en Espagne, par M. Hippolyte Bellangé, est une des meilleures batailles du Salon, avec de petits personnages. M. Bellangé, M. Charlet et M. Raffet, sont les trois artistes qui entendent le mieux la reproduction des troupiers de l'Empire, ce type presque perdu aujourd'hui, et ils seront certainement, après Gros, les historiens de cette époque guerroyante. Les groupes de la *Bataille d'Ocaña* sont vivement entremêlés, et chaque soldat conserve son expression originale. Le musée de Rouen ne saurait être en meilleures mains qu'en celles de M. Bellangé.

M. Eugène Isabey a un véritable talent pour les intérieurs chatoyants, où tout le gâchis varié de la palette passe sur la toile. C'est un coloriste très fin et très capricieux, qui n'hésiterait pas devant un monceau de pierres précieuses. Il a tout l'éclat de l'agathe aux mille nuances étincelant sous le soleil. C'est la qualité et le défaut de sa peinture. Dans son *Alchimiste*, qui est très séduisant de couleur, tout semble de pierre, même les plumes des oiseaux empaillés. C'est comme un beau marbre veiné des tons les plus riches, comme la palette sèche d'Eugène Delacroix ou de Théodore Rousseau.

M. Glaize possède aussi quelques qualités de coloriste, mais nous avons eu occasion de remarquer déjà que l'abus du jaune nuit à l'harmonie de ses tableaux. La *Conversion de la Madeleine* présente de beaux morceaux, largement enlevés, et la *Galathée* annonce un artiste qui peut aborder sans crainte la grande peinture et les sujets poétiques.

Nous reprocherons encore à M. Rodolphe Lehmann d'abuser du jaune pour rendre le soleil d'Italie. La lumière ne résulte pas d'un ton local et isolé, mais de l'harmonie dans la gamme générale des nuances. M. Rodolphe Lehmann, cependant, a un sentiment très vif de la tournure et de la beauté.

M. Cherelle a peint une petite bacchanale d'une couleur très abondante, *des enfants traînant un chariot chargé de fruits*, mais qui manque aussi de distinction.

Le petit tableau de M. Baron, *les Oies du père Philippe*, est très coquettement exécuté. M. Baron emploie surtout le contraste des couleurs, comme faisait M. Clément Boulanger, comme fait l'école de M. Camille Roqueplan. Les étoffes sont diaprées de mille reflets, et les chairs sont lumineuses comme dans les tableaux de M. Couture.

M. Baron a fait beaucoup de dessins en compagnie de M. Français pour les illustrations de la librairie.

Nous n'avions jamais vu le nom de M. Fraguier, de Besançon, qui est pourtant l'auteur d'une bonne peinture, intitulée : *un marchand à Syra.* Le brave Oriental est tranquillement couché au soleil, contre un mur, sur lequel des plantes grimpantes dessinent de capricieuses arabesques.

M. Lesecq, qui doit être élève de la villa Albani, a bien exprimé, dit-on, le ciel italien dans sa *Sieste des modèles à Rome.*

Madame Calamatta a exposé une *femme à sa toilette*, dans le goût étrusque, moins la finesse et le caractère du dessin. La femme nue de madame Calamatta, a pour pendant très voisin une autre *femme nue à sa toilette du matin*, par M. Dupré, de Lyon. L'une est vue par-devant, l'autre par derrière : le visage de celle-ci n'est pas agréable, comme disait Diderot.

Un autre peintre lyonnais, M. Janmot, a presque rencontré le style dans une étude de femme, intitulée : *Fleur des Champs.*

Un tableau que tout le monde remarque à gauche dans le petit salon d'entrée, c'est une *Marine* faite avec un jaune d'œuf écrasé, par un Anglais, M. Barry, qui a peint aussi avec le même succès l'arrivée de la reine Victoria au Tréport.

Jamais en France,
Jamais l'Anglais ne règnera,

pas plus en peinture qu'en politique. Nous serions cependant volontiers cosmopolites en matière d'art, si l'incontestable supériorité de nos peintres et de nos sculpteurs ne nous forçait pas à un légitime patriotisme. *On est fier d'être Français* par une foule de raisons aussi hautes et aussi solides que *la Colonne.*

Voici Lafayette, à propos de patriotisme. En 1777, *Lafayette s'embarque au port de Los Pasages* en Espagne, charmant tableau qui appartient à madame de Rémusat. Lafayette était fort jeune alors et fort enthousiaste. Qu'allait-il faire en Amérique? il volait au premier appel de la Liberté, qu'il a toujours aimée. C'était la Révolution qui, pour revenir en France, prenait le chemin des écoliers.

VI

Portraits.

Les deux portraits les plus fermement peints du Salon sont les portraits de M. Molé, ministre de la justice en 1813, et d'un Frère ignorantin, par M. Horace Vernet. Le portrait du comte Molé est dans le même système de couleur âcre et dure que le portrait de M. Pasquier, exposé au dernier Salon par le même peintre. Au lieu de la simarre violette et de la toque jaune de M. Pasquier, nous avons une belle robe de velours rouge amaranthe. Le portrait du Frère ignorantin est plus simple. L'étoffe de sa lourde robe noire est une merveille d'exécution. Sa tête est bien modelée, tenace et commune, comme il convient à un instituteur des enfants du XIXe siècle. La figure se détache bien sur le mur, qui est malheureusement d'un affreux ton jaunâtre. L'harmonie des couleurs n'est pas ce qui distingue M. Horace Vernet. Mais il appartient à cette bonne école solide et positive qui descend de David. Il y a de l'analogie entre ses deux portraits et le portrait de Pagnest, qui est au Louvre. Ecole vulgaire et pesante qui a cherché la réalité, sans inquiétude et sans hésitation. David, Gros, Pagnest, Géricault, sauf toutes réserves quant à la diversité de leurs génies, sont les maîtres d'une certaine pratique de peindre qui est perdue aujourd'hui. On dessinait une figure au crayon blanc avec quelques arêtes de crayon noir ; puis, on posait du premier coup sur la toile vierge la couleur comme on la voyait sur la nature.

J'imagine qu'on devait peindre ainsi au XVIIe siècle, du temps de Lebrun ; car l'école de Napoléon ressemble à l'école de Louis XIV, non-seulement dans le style boursoufflé et ridiculement grandiose, mais dans les moindres détails de l'exécution ; de même que l'art Pompadour ressemble à l'art Diane de Poitiers, Coustou à Germain Pilon, et François Lemoine au Primatice. Les artistes dépendent bien plus qu'ils ne le supposent, de la mode et des préjugés de leur temps.

M. Horace Vernet a les qualités et les défauts de cette manière réaliste, fort indifférente à la beauté et à l'effet d'une image. Aujourd'hui, on se tourmente, on torture l'exécution, on revient cent fois par des demi-teintes ou des glacis sur un ton posé. On n'a jamais eu plus de *ficelles* que dans l'école moderne. Mais si la pratique est moins sobre et moins certaine, elle a bien plus d'imprévu, de variété, d'éclat, d'originalité surprenante; elle trouve des mouvements, des contrastes, des effets de hasard, des caractères et des harmonies que n'offre jamais l'ancienne école.

Il y avait aussi, à la suite de David, une autre branche de son école qui méprisait la bonne pâte franchement posée de premier jet, et qui, au contraire, employant beaucoup d'huile, délayait la couleur et la frottait timidement, plutôt qu'elle ne la posait sur la toile. Girodet et quelques autres représentent ce système, dont on peut apprécier aujourd'hui les résultats. Leurs tableaux, âgés de quelques lustres, ne tiennent déjà plus ; l'huile s'évaporant en peu d'années, leur peinture se crevasse, les écailles s'écartent et laissent la toile à nu. On constate facilement cette détérioration sur la *Psyché* et sur le *Déluge*. Le bon Dieu punit ces peintres par où ils ont péché. Les Raphaël du commencement de ce siècle ne légueront même pas à la postérité une seule toile intacte sur laquelle on puisse les juger. Il est vrai qu'ils sont jugés déjà et effacés de la tradition.

On pourrait reprocher à l'école de M. Ingres le même mépris de la pâte et de la couleur. C'est une hérésie tout-à-fait singulière, dans un art plastique comme la peinture, que de nier la puissance des procédés matériels et les ressources de l'exécution pour exprimer une pensée et une image. Il est bien vrai que l'inspiration, la pensée, le sentiment de la beauté et du style doivent précéder la pratique. Mais, une fois en train de traduire par la forme son idéalité, il conviendrait d'employer les meilleures méthodes, qui sont le résultat d'une expérience antérieure. Pourquoi donc les élèves de M. Ingres s'entêtent-ils dans leur protestation contre la pâte et la couleur?

Les portraits de M. Hippolyte Flandrin sont exécutés dans ce système exclusif, qui renonce volontairement aux trésors de la palette et au génie de l'inspiration. Heureusement, M. Flandrin rachète cet ascétisme et cette stérilité de l'exécution par des qualités rares et très distinguées. Son portrait de femme, en buste et ovale, placé sous *la Smala*, dans le salon carré, est une œuvre très remarquable. La tête se dessine de trois quarts sur un fond olive. Les traits, extrêmement purs, sont bien *ensemble*. La physionomie a beaucoup de noblesse et de caractère. Pour ma part, tout en condamnant la méthode un peu trop étique de M. Flandrin, et en l'absence de portraits plus passionnés et plus poétiques, je préfère ce portrait de femme à tous les portraits du Salon.

Au-dessus du portrait de M. Flandrin, à gauche de *la Smala*, est le portrait du héros constitutionnel de l'Algérie, de M. Bugeaud, par M. Larivière. Le duc d'Isly a l'œil rond comme un oiseau de proie, et le nez un peu recourbé ; une bonne tête de paysan et de soldat.

En pendant au portrait de M. Bugeaud, à droite du tableau-monstre de M. Vernet, est le *Portrait de Ferdinand II*, roi de Portugal, par M. Krumkolz. Cela ressemble, à s'y méprendre, aux portraits aristocratiques de M. Winterhalter. Nous avons d'abord cherché dans notre mémoire quel pouvait être ce prince aux longues jambes. Mais nous n'avons pas l'honneur de connaître Sa Majesté de Portugal, qui doit être fort satisfaite de son image. C'est une bonne fortune pour l'aristocratie portugaise que le talent d'un peintre comme M. Krumkolz.

Le Roi des Français, qui dispose de la première école du monde, n'a pas été aussi heureux dans son portrait, exposé à gauche en entrant dans le salon carré. Nous avons peine à comprendre ces erreurs d'un peintre aussi intelligent et aussi distingué que l'est M. Henry Scheffer. Il n'y a personne qui raisonne mieux que lui de son art et qui sente mieux les belles choses. M. Henry Scheffer serait un homme éminent, quand même il ne serait pas un peintre très renommé. Il a l'honneur de tenir à un autre artiste, qui aura son rang dans la postérité, et qui est aussi un des esprits les plus poétiques, un des esprits supérieurs de notre temps. Notre critique un peu brusque nous coûte donc plus que jamais en cette occasion, avec un homme consciencieux et éclairé; mais, en vérité, ce portrait du Roi, le portrait de M. Daru, architecte, et les autres, ne méritent guère l'approbation des artistes. Pourquoi persister dans ce système maigre et mesquin qui n'est pas le style, il s'en faut tout, et qui répudie à la fois l'élégance, la force et les charmes de la couleur? La tête de M. Daru est commune et terreuse, sur un fond opaque et vineux. On voit ce qui préoccupe M. H. Scheffer. C'est la précision et la simplicité, mais la précision doit accuser le caractère, et la vraie simplicité ne sacrifie l'entourage et l'accessoire que pour donner plus de relief et de vie au principal, à la signification de la tête humaine.

Pour les yeux bien ouverts, le visage est toujours l'expression des facultés intérieures, qu'elles soient sublimes ou humbles, originales ou vulgaires. Les plus beaux portraits faits par les grands maîtres ne sont pas ceux des plus belles figures, mais ceux où ils ont le mieux sculpté les vertus ou les vices de leurs personnages. Il faut toujours citer Holbein, Titien, Velasquez ou Van Dyck, à propos de portraits. Quels sont les plus célèbres portraits de ces admirables historiens? c'est Henri VIII, c'est l'Arétin, c'est Philippe IV, c'est Charles Ier, d'Angleterre. Henri VIII a la grossièreté d'un soldat et la sensualité d'un moine; l'Arétin a du renard et de la chèvre; Philippe IV ressemble à un mouton malade; Charles Ier n'a aucun signe de volonté ou d'intelligence. Mais cependant ces portraits sont les plus nobles et les plus beaux du monde, parce qu'ils représentent des hommes si profondément compris, qu'on ne saurait les confondre avec d'autres hommes. Il en est ainsi du talent de tous les grands portraitistes. Vous connaissez Albert Durer, Rembrandt, Van Dyck et Poussin, aux excellents portraits qu'ils ont laissés d'eux-mêmes. Vous connaissez François Ier, dans le portrait du Titien; Charles IX, dans le portrait de Janet; Louis XIV, dans les portraits de Rigaud; Marat, dans le portrait de David; Napoléon, dans le portrait de Gros, aussi bien que dans l'histoire.

Il y a même des peintres d'un talent assez médiocre qui ont réussi à faire d'excellents portraits, parce qu'ils saisissaient dans leur modèle ces traits irrécusables que la nature grave sur la tête humaine comme l'enseigne de ce qui est dedans. Un des beaux portraits du Louvre est ce portrait vénitien, n° 992, dont on ne connaît ni le héros ni le peintre. Il faut au portraitiste deux qualités bien rares : une sorte de pénétration philosophique qui interprète l'aspect extérieur du visage, et la science du peintre qui en exprime sur la toile les justes accents.

M. Léon Coignet n'a pas non plus le don de ces impressions fortes, subites ou réfléchies, qui expliquent un caractère par la conformation de la tête et les caprices de la physionomie. Il a exposé deux portraits, celui de Madame X... dans le salon carré, et celui de M. G... en buste dans la galerie de bois, à gauche, vers la place où était au dernier Salon le fameux tableau du *Tintoret, peignant sa fille morte*. On a voulu, bien à tort, rajeunir la réputation de M. L. Coignet avec cette peinture plate et faussement dramatique. M. Coignet sait son métier de peintre comme M. Court et les autres qui ont leur racine dans l'école académique; mais ce n'est pas à dire qu'ils aient un véritable sentiment artistique du style, de la beauté, du dessin et de la couleur. Il est impossible de voir un portrait plus rondement vulgaire que celui de M. G..., ou que celui de madame L..., qui est assise de face, avec un beau châle bordé de fourrures.

M. Rouget, M. Rouillard, M. Belloc, sont dans la même route que M. Coignet. Mais M. Belloc a cependant plus de recherche. Son *Portrait équestre du lieutenant-général Habert d'Avallon*, placé tout près du *Khalif*, de M. Chasseriau, montre bien la différence de l'exagération tourmentée et de la vraie grandeur. Ce portrait du général d'Avallon fera à merveille au musée de Versailles, entre tous les portraits de nos grands hommes de guerre, si misérablement posés et si faiblement peints.

M. Belloc a encore eu le privilége de tenir devant son regard la tête fine et nerveuse de M. Michelet. Mais qui pourrait reconnaitre M. Michelet dans ce portrait exposé au-dessus de la porte d'entrée de la grande galerie? Il fallait tout l'esprit de Terburg, toute la finesse d'Holbein dans son portrait d'Érasme, pour ciseler ces traits mobiles, un peu aigus, quoique si doux et si harmonieux. Dans le portrait peint par M. Belloc, M. Michelet a simplement l'air d'un honnête homme, un peu blafard.

J'aime mieux, en vérité, M. Dubufe, car il fait du moins à peu près ce qu'il veut faire. Il se propose de peindre des femmes nonchalantes qui n'ont pas d'autre prétention que l'élégance et le charme. Le talent de M. Dubufe serait à côté de la beauté grecque, correcte et précise, avec des plans solides et des attaches parfaites; mais la poitrine de la Vénus de Milo, les bras de la maîtresse du Titien, ne sont plus de notre temps. Les femmes d'aujourd'hui n'ont plus les épaules et les poignets fermement attachés comme dans les sculptures de Phidias et de Michel-Ange. La beauté aristocratique ne se pique que d'une certaine fraîcheur conventionnelle, dont les peintres anglais, et en particulier Thomas Lawrence, sont les inventeurs. M. Dubufe est un peintre de son époque, sans caractère et sans fierté. Prenons-le comme il est. Le *Portrait de miss J...*, exposé à droite, dans le salon carré, sous le tableau d'Eugène Delacroix, vaut bien tous les autres portraits de femmes minaudières qui étalent leurs grâces le long de la galerie.

Le concurrent sérieux de M. Dubufe, M. Court, est l'auteur de trois portraits de femme, dont une comtesse fort belle et simplement drapée d'une robe de mousseline, à l'extrémité droite de la première travée.

Madame Fanny Geefs, la femme du sculpteur de Bruxelles, a exposé un portrait de femme, qui est tourné comme un portrait de M. Dubufe, et qui doit avoir un grand succès en Belgique.

M. Pérignon est, cette année, entre M. Court et M. Dubufe. Son beau portrait du dernier Salon lui a amené neuf portraits depuis un an. Quand on a le talent de M. Pérignon, il est bien légitime de chercher le succès; mais il n'en faudrait pas moins chercher encore les véritables conditions de l'art. La plupart de ces portraits de femmes, quoique bien peints, sont un sacrifice évident au goût factice qui règne.

Un bon portrait, ferme et spirituel, est celui de mademoiselle Garrique, dans le rôle de Rosine, du *Barbier de Séville*, par M. Marcel Verdier. Un talent plein d'avenir, c'est celui de M. Haffner, qui a réussi dans deux genres bien différents, le paysage et le portrait. Qui croirait que le peintre de ces *Marais des Landes*, où les taureaux enfoncent jusqu'au poitrail, est l'auteur d'un excellent portrait de femme, en buste, à demi-couchée sur un divan ? Elle a de beaux cheveux noirs, une tête énergique et une physionomie pleine de passions.

Nous avons encore un portrait de femme par M. Mottez ; un autre portrait de femme, dans la manière de M. Flandrin, par M. Martin ; un portrait de femme suisse, d'une douce harmonie, par madame Ernestine de

Pelleport; un autre, par mademoiselle Mathilde Boudon; le portrait de madame Eugénie Garcia, par M. Pichon; un portrait de M. Louis Boulanger, deux de M. Sébastien Cornu, deux de M. Auguste Debay, l'auteur du *Berceau primitif*, au Salon de sculpture; un beau portrait en pied de M. Chaix-d'Est-Ange, par M. Flandrin; quelques portraits américains, par M. Healy; deux portraits espagnols par M. Madrazo, le fils de l'ancien directeur de l'Académie de Madrid; deux portraits de l'illustre M. Pingret, le peintre de la cour; deux bons portraits de M. Tissier, etc. Mais où est donc le portrait de M. Riezener? Le jury l'aura dissimulé dans quelque ombre perfide.

Il nous reste, du moins, M. Diaz, avec ses trois petits portraits de femme, en pied, sur un fond de paysage le plus vigoureux, le plus riche, le plus charmant du monde. Le *portrait de madame L...* est au milieu. Elle porte une simple robe blanche, sur la-

quelle serpente légèrement une écharpe bleu tendre. Elle a sur le sein un frais petit bouton de rose qui fait écho avec les fleurettes du paysage et les tons brillants des feuilles. A ses pieds, deux petits chiens anglais courent sur le gazon. Une douce lumière fait scintiller sa peau transparente et ses cheveux dorés. Les demi-teintes sont d'une finesse extraordinaire, dont Eugène Delacroix et Rousseau offrent seuls des exemples parmi les contemporains. Il n'est pas difficile de modeler une figure avec des ombres fortes et bien accentuées; mais modeler dans un doux clair-obscur est un des secrets les plus rares de la peinture. Et comme ces feuillages d'automne sont d'une riche et vigoureuse couleur! On dirait un caprice des plus grands maîtres.

Les deux autres portraits sont peints dans le même sentiment et encadrés aussi dans un paysage. La tournure des femmes a peut-être moins d'élégance et de légèreté. Mais les qualités exquises du coloriste s'y retrouvent en abondance. Les Salons de 1844 et de 1845 ont classé M Diaz parmi les peintres les plus originaux et les plus coloristes de notre école moderne.

VII

Paysages.

On pourrait diviser les paysagistes actuels en trois groupes bien distincts : Il y a premièrement les peintres de la fantaisie qui contemplent la nature avec un sentiment poétique et original, sans préoccupation d'école ou de manière, et qui en expriment les effets dans une forme particulière à laquelle on reconnaît d'abord chaque auteur. Ainsi Théodore Rousseau, Decamps, Jules Dupré, Marilhat, sont des maîtres qui ne copient personne, ni dans le présent, ni dans le passé, et qui ne relèvent que de leur propre inspiration.

On trouve ensuite une sorte de queue obscure de l'école du Guaspre, dont la prétention est de composer la nature par un procédé réfléchi, mettant çà et là quelques *fabriques* monotones sur un ciel terne, agençant des lignes comme de simples géomètres à la recherche d'un problème scientifique. Ce n'est pas le moyen de résoudre le problème de la poésie, des belles images et de la couleur. L'art a d'autres procédés que la science, et son caractère essentiel est la spontanéité. La réflexion dans les arts n'est que la seconde vue qui perfectionne l'impression libre et subite, mais qui ne saurait la remplacer absolument.

Troisièmement, il y a la foule des paysagistes qui se contente des *lieux-communs*. Le terme s'applique à merveille ici, et sans métaphore. Les lieux communs et rebattus, les effets vulgaires, vulgairement peints, suffisent à l'immense majorité des paysagistes. Ils voient dans la nature ce que tous les esprits communs y voient, des arbres, des collines, des ruisseaux, des herbes et des pierres; mais ils ne saisissent point les différences profondes des tempéraments dans tous ces êtres animés d'une vie individuelle qui éclate sur leur physionomie mobile, selon le temps ou le soleil. De même, les portraitistes superficiels mettent régulièrement dans une figure un nez, des yeux et le reste, sans accuser le caractère distinctif des traits et l'unité constituante de la physionomie. La nature est comme l'homme : elle a ses inquiétudes et ses passions, ses folies et ses tristesses, l'agitation ou la sérénité. Les âmes poétiques communiquent avec cette vie mystérieuse qui nous enveloppe et nous influence sans cesse. Les grands artistes sont ceux qui en traduisent les accents.

L'art et la critique n'ont rien à voir dans la peinture banale de ces ouvriers auxquels tout progrès est fatalement interdit. Il n'importe que leur pratique soit plus ou moins adroite. Tout le monde peut aligner des mots en file de douze syllabes avec une rime à la queue en guise de caporal; mais on n'est pas poète pour cela. On n'est pas musicien pour remplir de croches une raie de musique. Il y faut de plus l'harmonie, comme il faut la signification dans les vers et bien d'autres qualités qui s'appellent d'un seul nom, l'art. Les lieux communs en paysage sont encore plus insignifiants que dans la musique ou dans les lettres.

Que les peintres de cette nullité soient utiles, comme on le dit, pour exciter le goût de la peinture chez les organisations incultes à qui il ne saurait être donné de comprendre, du premier coup et sans éducation, la beauté de la nature, c'est fort contestable. La poésie du ciel et de la terre est si lumineuse et si pénétrante, qu'elle éclaire parfois subitement des esprits vierges de toute impression.

La peinture du paysage est, d'ailleurs, bien moins conventionnelle que la peinture du portrait ou de l'histoire. On se rappelle l'aventure de ce peintre qui ayant été choisi par quelque M. Jourdain, à l'effet de représenter au naturel le portrait du personnage, fit une bonne tête, bien modelée, avec des lumières et des ombres. Quand M. Jourdain, fatigué d'une longue séance, se leva pour contempler son image, il se mit à jeter les hauts cris, disant qu'on lui avait barbouillé tout un côté du visage, que sa peau était blanche d'un côté comme de l'autre, que son habit bleu barbeau était tout neuf et d'une seule couleur, et qu'on l'avait sali à plaisir. Qui fut bien surpris? ce fut le peintre. Cependant comme le modèle insistait pour qu'on lui rendît son entière blancheur et son habit bleu cru, et qu'il voulait pour son argent être servi à sa fantaisie, l'artiste reprit sa palette. Quand il eut recouvert les demi-teintes d'un ton clair et uniformément plat, M. Jourdain se déclara très ressemblant et il emporta son portrait en se félicitant de transmettre à la postérité cette belle image.

La dégradation de la lumière, l'harmonie du clair-obscur, le contraste des ombres, qui produisent le modelé des corps et qui concentrent l'effet, gênent l'exécution de beaucoup de peintres ; et, de son côté, la foule aime les tableaux blêmes comme la *Smala*, de M. Vernet. Avec plus de hardiesse dans la lumière et plus de vigueur dans l'effet, M. Vernet aurait bien moins de succès.

C'est dans le paysage surtout qu'il faut avoir le sentiment de la lumière, autrement dit de la couleur. Les peintres crépusculaires de l'école ingriste n'ont qu'un moment tout au plus dans le jour où la nature puisse se rapprocher un peu de leurs tableaux : le soir, quand le soleil est couché, par un temps gris et couvert. J'ai saisi quelquefois ce hasard fugitif, durant lequel tous les objets paraissent avoir la même valeur, quoiqu'on les distingue encore avec certitude. Les arbres, les clochers, les maisons, les personnages, dessinent leurs silhouettes immobiles sur un fond monotone ; mais il faut en deviner le relief, les proportions et la perspective ; la réalité vivante se perd sous un triste voile.

Supposez encore que dans cette saison transitoire où la nature n'a plus le caractère de l'hiver et n'a pas encore le caractère du printemps, vous regardiez le paysage par un temps uni et sombre, la terre privée de gazon et froide, les arbres dépouillés, le ciel sans caprice ; supposez que tout-à-coup la parure du printemps tombe par magie sur la terre avec le luxe d'un plein soleil ; tout prend couleur variée, s'anime, s'égaie, éclate, resplendit : c'est la différence des paysages de MM. Flandrin, Desgoffe, Achille Benouville, Chevandier et autres, aux paysages de MM. Rousseau, Dupré et Marilhat.

Ce parti-pris de l'école ingriste peut se

concevoir jusqu'à un certain point dans la peinture des sujets historiques ou familiers, mais non pas dans le paysage. Quand vous peignez une scène quelconque, vous disposez de votre invention et de vos personnages. Vous avez le droit de créer pour votre drame un milieu plus ou moins fantastique, une décoration d'opéra, un cadre de fantaisie qui modifie l'intérieur de la composition. Rembrandt, en sens contraire, n'a-t-il pas peint des combinaisons si étranges de lumière, qu'elles sont impossibles peut-être, mais certainement très poétiques? En paysage, vous ne pouvez pas modifier tout-à-fait à votre gré les conditions du soleil. Quand vous ne savez pas peindre une figure en pleine lumière, vous pouvez essayer de l'enfermer dans une cave et vous allumez une lampe; mais en pleine campagne, vous ne pouvez pas éteindre la lumière de Dieu et la remplacer par une chandelle.

On m'a raconté, ces jours-ci, en Belgique,

une petite histoire fort simple, mais qui est très instructive sur ce sujet de la lumière en peinture.

Vers 1825, il y avait à La Haye une pauvre femme chargée d'enfants. Son voisin, le vitrier, prit dans sa boutique un des petits garçons, qui s'appelait Pierre. Mais le jeune apprenti n'apprenait rien. Il cassait toutes les vitres et faisait le désespoir de son bourgeois. Quand celui-ci lui confiait à encadrer quelque mauvaise gravure enluminée, un *Juif errant* ou un *Enfant prodigue*, Pierre n'en finissait pas, afin de conserver plus longtemps son trésor sous ses yeux, et le *Juif errant* errait sur tous les murs de la boutique et des rues voisines.

Les doléances du vitrier attirèrent enfin l'attention de ses pratiques sur le jeune ouvrier; on lui prêta des gravures, on essaya sa vocation, et un riche libraire, protecteur des arts, l'envoya à l'académie d'Anvers, où il obtint un prix de figure. Pierre était devenu peintre et ses portraits avaient quelque réputation ; mais cependant il y avait dans sa peinture un vice radical et incorrigible. Pierre voyait jaune, et il peignait jaune invariablement, quelle que fût la couleur de ses modèles. Il donnait la jaunisse à ces faces rubicondes de gros Néerlandais. Il barbouillait les fraîches jeunes filles d'un glacis de jaune d'œuf. C'était l'ocre qui le perdait. Vous allez voir comment l'ocre le sauva.

Un soir qu'il était renfermé dans son atelier avec sa maîtresse, elle travaillant près d'un guéridon, à la lueur épaisse et rousse d'une mauvaise lampe, lui nonchalamment étendu sur une natte et fumant sa pipe, il se leva tout-à-coup comme possédé d'un génie. Il venait de saisir sur la réalité la couleur et l'effet qu'il appliquait uniformément malgré lui à toutes ses peintures. Il se mit à l'œuvre avec assurance, et peignit son petit intérieur : *Une Femme près d'une lampe.*

Le lendemain, son effet de lumière fit merveille et son succès fut décidé. C'était le soleil qui l'avait gêné jusque-là ; il remplaça le soleil par une lampe. Aujourd'hui Pierre van Schendel passe pour un des bons peintres de la Hollande, et ses tableaux sont hors de prix.

Il est plus facile de peindre une lampe dans une chambre que le soleil qui est partout. La lumière du jour est douée d'une pénétrabilité vive qui enveloppe tous les corps et envahit jusqu'aux recoins les plus abrités. Il n'y a qu'un seul élément qui soit commun à tous les genres de peinture, et qui, en même temps, domine surtout le paysage, c'est la lumière. Comment donc approuver le système de MM. Desgoffe ou Flandrin, quoiqu'ils aient, d'ailleurs, de sérieuses qualités?

Nous n'avons malheureusement pas au Salon à leur opposer des tableaux de nos premiers paysagistes. Les maîtres sont absents. Mais on retrouve à peu près leurs analogues dans quelques talents distingués, et leur influence dans un grand nombre de jeunes peintres qui ont le sentiment de la nature et une excellente pratique.

M. Français cherche comme M. Rousseau la poésie des effets. Son paysage appelé *le Soir*, est un charmant nid disposé au bord d'une fontaine sous le mystère des saules et des buissons. C'est comme un berceau ovale où deux jeunes filles paraissent fort heureuses d'être au monde. L'une, demi-nue, touche de son petit pied l'eau claire et tranquille; l'autre, couronnée de fleurs et enveloppée d'une grande draperie, est étendue sur le gazon. Le soleil couchant envoie des rayons oranges et violets au travers de la haie de saules. Le site est enchanteur. M. Français n'aime pas les *lieux communs*. Il sait choisir les bons endroits, comme nous disions l'autre jour que M. Delacroix savait choisir le bon moment.

Le pendant de cet effet de soir est un paysage en pleine lumière : *Vue prise à Bougival*, sur la Seine qui occupe presque toute la toile. Il n'y a pas d'autre moyen que d'entrer en bateau dans le tableau de M. Français et de se laisser aller au cours du fleuve en passant près des pêcheurs tapis dans les oseraies, des nénuphars épanouis et des petites barques aventureuses. La vue est superbe et réjouissante, de notre bateau. Nous avons des bordures de frais feuillages, et pour fond, en amphithéâtre, de petits côteaux bleus.

M. Troyon a fait aussi un excellent paysage, où l'on entre dans l'eau au premier plan. Mais il suffit de se retrousser un peu, et l'on se baigne seulement jusqu'au mollet dans les petites vagues joyeuses de ce ruisseau frétillant, où un homme debout pêche des goujons à la ligne. Le petit ruisseau s'enfonce devant nous. Un peu vers la droite, il se perd dans une campagne lumineuse. A gauche, sur le bord, de grands chênes découronnés qui annoncent déjà le voisinage de la forêt de Fontainebleau. L'exécution des premiers plans est d'une vigueur et d'un éclat magnifiques. Les troncs des chênes sont rugueux et forts; mais cette énergie de la brosse, cette abondance de la pâte, qui font à merveille sur des objets solides et rapprochés, ne conviennent plus dans l'exécution de la partie supérieure du tableau, dans les feuilles des arbres, dans les lointains et dans le ciel. Le défaut de M. Troyon est d'employer le même procédé pour peindre un petit nuage floconneux ou des feuilles tendres et agitées que pour peindre les pierres ou les terrains. Ici, l'empâtement donne une fermeté nécessaire qui, dans l'air ou dans les lointains, devient de la pesanteur et de l'immobilité. Si le haut du paysage avait plus de légèreté et de transparence, ce tableau de M. Troyon serait peut-être le meilleur paysage du Salon.

La *Vue de Caudebec* est moins heureuse et met en relief les défauts de cette pratique vigoureuse, mais qui manque de souplesse et de variété. La lumière y est dispersée sur chaque point saillant des objets, comme faisait autrefois M. Giroux, et l'œil, provoqué de toutes parts, ne sait où se reposer.

M. Louis Leroy s'est laissé prendre, comme M. Troyon, à la *ficelle* des empâtements appliqués sans mesure à toutes les difficultés de l'exécution. Dans sa *Route cavalière descendant à l'étang de Trivaux dans le bois de Meudon*, le regard plane sur plusieurs étages de taillis qui se modèlent à merveille, s'enfoncent doucement dans la demi-teinte, pour se relever en croupes lumineuses, s'incliner encore et se fondre avec l'horizon. Cette route, infinie comme le chemin du paradis, tantôt montueuse, escarpée, tantôt déclive comme un précipice, est un tour de force, ainsi abordée de face et inflexiblement droite. Il s'agissait de peindre deux lieues de ruban dans la longueur du doigt. C'est là, un peu mal à propos, que M. Leroy a prodigué les empâtements, surtout pour accuser les éclats de la lumière. Il faut un accent décidé, vite un paquet de couleur. La justesse d'un beau ton y suffirait; mais les procédés faciles et prompts ont bien de l'entraînement. Nos peintres sont en général si adroits maintenant, qu'ils finiront par substituer aux moyens les plus simples et les plus naturels des exercices très scabreux. Les frottis légers qui recouvrent à peine la toile ou le panneau, et qui produisent des tons fins et transparents, sont presque abandonnés par l'école contemporaine, tandis qu'ils étaient le *fond* de la pratique des maîtres hollandais et flamands. Dans les Rembrandt, les Peeter de Hoog, les Cuyp, les Ostade, les Brauwer, les Craesbecke et les Teniers, les trois quarts d'un tableau n'offrent souvent qu'un frottis rapide, sur lequel s'enlèvent les personnages et les objets principaux ; aussi l'air circule partout dans ces fines peintures, et les procédés de l'exécution sont tellement dissimulés, qu'ils sont parfois encore un mystère pour les praticiens les plus perspicaces.

Le second paysage de M. Louis Leroy représente *Une avenue de mélèzes dans la forêt de Fontainebleau*. La couleur générale en est un peu trop jaune, mais le dessin ne manque pas d'élégance. M. Leroy avait déjà publié des eaux-fortes très distinguées.

M. Paul Huet, à qui l'on a refusé deux tableaux, comme s'il n'était pas un artiste éminent et en quelque sorte consacré par quinze ou vingt ans d'études consciencieuses et de recherches inquiètes, M. Paul Huet n'a qu'un paysage au Salon. C'est un *Vieux château sur des rochers*. Le site est mélancolique et très pittoresque. La carcasse des ruines percées à jour se dessine sur le ciel, et les flancs de la montagne aux broussailles rousses, sont couverts d'une ombre mystérieuse. M. Paul Huet a souvent rencontré la grandeur et la poésie.

Un jeune peintre qui est tourmenté aussi des grands aspects poétiques de la nature, M. Teytaud, a exposé une vaste toile décorée d'un paysage d'imagination, intitulé l'*Idylle.* Il s'est inspiré des beaux vers d'André Chénier :

> O côteaux d'Erymanthe ! ô vallons ! ô bocage !
> O vent sonore et frais qui troublait le feuillage,
> Et faisait frémir l'onde, et sur leur jeune sein
> Agitait les replis de leur robe de lin !

L'*Idylle* de M. Teytaud a de la fraîcheur et de l'élégance, avec un vif désir de la beauté; mais son cadre est trop grand et sa composition un peu vide. L'expérience lui prouvera qu'on peut dépenser les mêmes qualités sur un tableau plus rétréci.

M. Corot a fait aussi ses *Idylles* accoutumées, une *Daphnis et Chloé*, et deux autres paysages. C'est une peinture naïve et harmonieuse dans une gamme très débile. L'ordonnance des arbres a souvent beaucoup de grâce, et une douce lumière baigne les fonds.

M. Flers a exposé deux paysages qui sont gras, solides et abondamment remplis. La campagne de M. Flers est bien portante et féconde. Nous pouvons être tranquilles sur les moissons et les pâturages. Les paysans et les troupeaux ne manqueront de rien.

Un jeune peintre qui débute, M. Haffner, est l'auteur de deux paysages qui annoncent de fortes qualités. Nous avons déjà cité son portrait de femme. La *Brasserie allemande*, aux environs de Munich, rappelle un peu M. Diaz, et ses *Marais près de Dax* peuvent être classés parmi les meilleurs paysages du Salon. C'est le soir; les teintes lourdes du soleil couché brillent encore par bandes rougeâtres à l'horizon; les cultivateurs reviennent avec leurs chariots chargés de foin et attelés de taureaux vigoureux. Les contours sont déjà perdus dans l'ombre; mais ce groupe du chariot et des figures est d'un effet très juste et très pittoresque. M. Haffner sera bientôt sans doute un excellent coloriste.

M. Coignard n'a pu se défendre aussi de l'influence de M. Diaz. Ses *Vaches dans une forêt* sont une réminiscence du beau paysage des *Bohémiens*. La couleur est fine, brillante et capricieuse. Les petites vaches sautillent au milieu des arbres et des broussailles. M. Coignard doit maintenant se dispenser d'imiter quelqu'un.

Les *Pâturages en Camargue*, par M. Loubon, paraissent peints d'après nature. L'orage menace dans le ciel, et les grandes herbes se balancent sous le vent comme les flots de la mer. Un troupeau de vaches qui se baignent jusqu'au muffle dans ces abondantes prairies, s'agite à l'approche de la tempête. Les unes lèvent leur tête étonnée, que les oiseaux en passant rasent de leurs ailes. Les autres mugissent aux moettes ou ruminent tristement. Quelques-unes demeurent impassibles au banquet de l'herbe tendre; la tête perdue dans l'épais fourrage, elles ne laissent voir que le sommet de leur échine allongée, qui se dessine comme une petite barque livrée aux vagues. On est heureux de trouver un aspect si original à exprimer en peinture.

Il y a encore une foule de jeunes peintres qui font du paysage dans un très bon sentiment, et dont nous ne pouvons décrire tous les tableaux : MM. Curzon, Grésy, Achard, Lapierre, Lavieille, Toudouze, Brissot, Bellel, etc.; mais nous sommes sûrs de les revoir aux prochains Salons.

Parmi les femmes peintres, treize seulement, le nombre est néfaste, se livrent au paysage. Il faut citer, entre autres, mademoiselle Rosa Bonheur, dont les taureaux au pâturage valent mieux que les taureaux de M. Brascassat, mademoiselle Knip, de Bois-le-Duc, madame Empis, qui a déjà obtenu plusieurs médailles, mademoiselle Colombat, de l'Isère, mademoiselle Elisabeth Collin, etc. Les femmes peintres aiment moins le paysage que les petites scènes sentimentales, les fleurs ou les portraits.

VIII

Sculpture. — Gravure. — Architecture.

L'art c'est la recherche de la beauté. L'expression de la beauté est le but de tous les arts et en particulier de la sculpture. Si la création de l'artiste n'est pas belle, il vaut mieux regarder la création de Dieu, qui se réfléchit toujours superbe et toujours variée, dans les esprits limpides. Mais cependant la nature vivante et réelle ne dispense pas de la poésie idéale. Car l'art est plus que la nature. C'est le grand interprète de ce langage infini que parlent tous les êtres dans le divin concert, mais dont chacun ne saisit que l'harmonie originale. Que si, au lieu d'exprimer la beauté, l'art vous montre la laideur ou la monstruosité, vous êtes comme ce curieux qui, voulant dénicher de charmants oiseaux, grimpa dans un arbre, éleva son bras jusqu'au nid et mit la main sur un serpent entouré de crapauds. Il tomba de la branche et se brisa contre terre. Ainsi, vous tombez du haut de votre idéalité.

La *Phryné*, de M. Pradier, est très belle. Il a sculpté admirablement la forme qui convient à la maîtresse de Praxitèle, à ce beau modèle qui séduisit les juges grecs quand sa robe fut entr'ouverte, comme un argument irrésistible, par son avocat. Ce n'est pas la femme, mère, épouse ou amante, c'est la courtisane antique. On n'est pas plus Grec que cela. Le caractère et l'expression de la forme, dans l'ensemble comme dans le détail, tout est de la courtisane. C'est la beauté purement plastique et la volupté comme l'entendaient les anciens, qui ne s'inquiétaient point de l'âme dans la femme, mais de la tournure des lignes et de la perfection du contour. Si c'était la femme destinée à être mère, il lui faudrait plus d'ampleur dans les flancs, plus de tendresse dans l'ondulation de la taille. Si c'était la femme compagne de l'homme et solidaire de son existence, comme l'imagine la moralité moderne, il lui faudrait moins d'orgueil dans la pose et plus de sentiment dans la tète. Mais c'est la femme antique, c'est la fleur de beauté destinée à charmer les banquets par son élégance et son parfum. Sa taille est d'un seul jet comme la pousse d'un palmier sauvage ; ses reins se cambrent avec la souplesse du serpent ; les flancs sont fermes et serrés comme ceux d'une tigresse ; les attaches sont fines et mobiles comme dans toutes les belles races. Oh ! les charmantes mains pour passer la coupe ciselée ! Oh ! les beaux pieds pour reposer sur des semis de fleurs ! Il y a un feu secret dans ces formes correctes et fières. Le mouvement du bras droit, retroussé au-dessus de la tête pour soutenir par derrière le pan d'une draperie flottante, file une ligne élégante qui caresse toute la hauteur de la statue, depuis la jambe jusqu'au coude. Cette beauté là vaut bien la beauté austère et voilée du moyen-âge, la beauté un peu tourmentée de la Renaissance, la beauté coquette du XVIIIe siècle, la beauté passionnée de notre temps.

M. Bosio et M. Bartolini, de Florence, cherchent aussi la tradition antique dans leurs figures de femmes nues, placées en pendant, près de la *Phryné* de M. Pradier. La *Jeune Indienne*, de M. Bosio, et la *Nymphe au scorpion*, de M. Bartolini, ne manquent pas d'un certain agrément, mais le travail du marbre est un peu débile. Il faut dans le marbre une conviction invincible et une précision de lignes qui n'admet pas l'à-peu près.

M. David d'Angers a plus que personne

cette certitude d'exécution qui convient à la statuaire. On trouve toujours dans ses figures un modelé juste et ferme, et sa main puissante commande à la forme. De plus, M. David est le maître qui représente le mieux la tradition française et le sentiment moderne en sculpture. Dans son *Histoire des peintres francais*, M. Charles Blanc a très bien expliqué le caractère de notre école nationale, à propos du génie de Poussin. M. David est, en effet, toujours préoccupé de la pensée et de la composition. Pour lui, l'art doit porter toujours une signification et un enseignement. Aussi M. David s'est-il ordinairement inspiré des sujets historiques et des sentiments contemporains. Il a ressuscité quelques-unes des glorieuses figures des XVIIe et XVIIIe scècles, et il a étudié presque toutes les têtes des hommes illustres de notre temps. Son *Etude d'un enfant* mordant à la grappe qui pend à un cep de vigne a été faite d'après nature. C'est un charmant caprice qui se serait aussi bien accommodé de la terre-cuite que du marbre. Le ventre bombé en avant montre toute la science et l'adresse de M. David. Par malheur, la tête se trouve dissimulée sous la grappe; mais le mouvement a de la naïveté et du naturel. Cette statue ferait à merveille dans un jardin, mêlée aux feuillages d'arbustes fleuris.

M. le comte d'Orsay dont on connaît les succès à Londres, dans l'art difficile du grand monde, a trouvé le loisir de se livrer à un autre art qui exige autant d'expérience et de bon goût que l'art du monde. M. d'Orsay a exposé une petite *Statue équestre de Napoléon*, en plâtre. Le cheval, de forte race, est bien établi sur ses jambes, sans aucune fanfaronade, et le Napoléon a été mis en selle par un sportsman parfait. L'homme regarde et pense; le cheval se tient tranquille jusqu'à ce qu'il faille exécuter la volonté du maître. M. d'Orsay a donné là aux artistes de profession qui se tourmentent souvent pour violenter un sujet et le noyer dans des accessoires inutiles, une excellente leçon de convenance et de simplicité.

M. Auguste Debay qui est peintre à ce qu'on dit, a eu l'idée de faire une statue. Il en a le droit, comme M. Etex, le sculpteur, a le droit de faire un tableau. M. Etex, dans son Christ du Salon, n'a fait qu'une orageuse imitation de Philippe de Champaigne. M. Debay n'a fait qu'une sorte de calembourg, un mot assez heureux au lieu d'un chef-d'œuvre qu'on annonçait. Il a mis deux enfants dans les bras de la mère et il a appelé cela *le Premier berceau*. Les bras de la mère sont le premier berceau de l'enfant, comme « les deux bras d'une femme aimée et qui vous aime » sont le plus beau collier pour un homme, selon le poète. Le mot est joli, mais la statue est faible et insignifiante. C'est de la sculpture de peintre, ronde et molle, sans tournure et sans accent.

Le groupe d'*Héro et Léandre*, par M. Etex,

aurait pu être repoussé du Salon par respect pour les mœurs. Il est impossible d'imaginer rien de plus mal avisé et de plus indécent à la fois. Tous les passants jettent quelque parole ironique ou leste à ce couple ridicule. Héro et Léandre sont nus tous deux, et debout, face à face, pied à pied, à six pouces de distance. Que font-ils et que vont-ils faire, ainsi plantés? On a peine à comprendre que, durant les longueurs de l'exécution en marbre, il ne se soit pas rencontré un ami du statuaire qui l'ait décidé à briser son modèle et à recommencer. Mais à quoi bon recommencer?

Le marbre de la *Jeanne d'Arc*, par M. Feuchères, a conservé le sentiment qui animait le plâtre ; le mouvement est plein d'expression, et les draperies sont bien exécutées; mais les bras et les mains manquent de correction et de finesse.

L'auteur du *Premier Secret confié à Vénus*, le sculpteur que M. de Lamartine préfère, dit-on, à tous les autres, M. Jouffroy, a exposé deux statues destinées à la salle d'horticulture de la chambre des pairs, *l'Automne* et le *printemps*. M. Jouffroy a déjà plusieurs fois très bien réussi dans ces sujets allégoriques. C'est à la mythologie que M. Desbœufs a demandé un motif poétique : *Psyché abandonnée par l'Amour* ; voilà un charmant prétexte pour une statue de jeune fille gracieuse et mélancolique.

M. Garraud est remonté au-delà du paganisme jusqu'à la création du monde. Son groupe de *la Première famille sur la terre* est un ouvrage très considérable. L'homme, la femme et l'enfant, Adam, Ève et Abel, sont unis en faisceau, Abel reposant sur les genoux de sa mère, qui enlace Adam de ses bras, comme le lierre avec sa fleur, accroché au chêne. Le jeune Caïn, un peu isolé du groupe, en complète la symétrie. Les types pourraient être plus élégamment choisis ; mais il y a de bons morceaux d'exécution.

M. Garraud est de force à tailler en marbre ou en pierre des compositions monumentales.

M. Simard a exposé deux marbres, la *Poésie épique* et la *Vierge*. Sa sculpture a du caractère et de la correction; les têtes sont belles et les draperies bien exécutées.

Parmi les bustes, le plus excellent est celui de la comtesse de B..., par M. Bonassieux, l'auteur de la statue du jeune David, au dernier Salon. Un modelé ferme et précis, une simplicité très distinguée, placent M. Bonassieux à un rang élevé dans la statuaire contemporaine. On remarque encore le buste de M. Roger, de l'Académie-Française, par M. Lescorné, qui vient de partir pour la Grèce; les bustes sculptés par M. Dantan et par M. Elshoëct, ceux de M. Ledru-Rollin, député, et de M. Rosier, par M. Mathieu Meusnier, élève de M. Dumont, et le médaillon de M. Lacrosse, député, par M. Poitevin, qui sort de l'atelier de M. Maindron.

M. Maindron, qui est certainement un de

nos premiers statuaires et qui se recommande par des œuvres consacrées, avait envoyé au jury un beau marbre destiné à la chambre des pairs. Le jury, sans doute par habitude, a refusé la statue de M. Maindron. Il a refusé encore un autre sculpteur plein de talent, M. Adrien Fourdrin, qui tente vainement depuis dix ans d'arriver à la publicité.

La gravure offre beaucoup d'intérêt. M. Henriquel Dupont, avec sa finesse et sa précision ordinaires, a reproduit le beau portrait de M. Bertin, d'après M. Ingres; M. Desclaux, *les Moissonneurs* et les *Pêcheurs*, d'après Léopold Robert; M. Geoffroy, un charmant *Harem*, publié par *l'Artiste*, d'après M. Diaz; M. Jacque et M. Marvy, dont *l'Artiste* contribue aussi à populariser le talent original, ont exposé plusieurs eaux fortes vigoureuses, dignes des maîtres; M. Eugène Leroux, quelques lithographies d'une belle couleur; M. Allais, un *Jérémie*, d'après M. Horace Vernet, et trois autres gravures; une cinquième gravure présentée par M. Allais, a été refusée par le jury. Pourquoi? Parce que le sujet, tiré de *l'Histoire de la Marine* de M. Eugène Sue, représentait *Jean Bart enfant*, levant vers le ciel son poing fermé, et s'écriant, à la vue de son père mourant d'une blessure reçue dans un combat contre les Anglais: — Oh! les Anglais! La crainte de voir ce: Oh! les Anglais! porter atteinte à l'entente cordiale, tel a été le motif d'une exclusion d'autant plus déplorable que la gravure de M. Allais est d'un excellent travail.

La rigueur du jury s'est étendue aux branches les plus modestes de l'art. Le portrait, au pastel, de M. Félicien David, par M. Guilleminot, a été refusé. Les architectes de l'Académie sont-ils jaloux de la renommée du jeune musicien? Heureusement, nous avons encore dans les pastels les coquettes jeunes filles de M. Vidal; un grand portrait de femme, par M. Antonin Moyne; quatre paysages, par M. Flers; une scène calabraise, par M. Maréchal; deux portraits de femme, par mademoiselle Nina Bianchi, élève de M. Ary Scheffer; quelques portraits d'enfants, par M. Riezener; une Scène savoyarde, par M. Verdier, et une foule de portraits adroitement crayonnés.

L'habileté pratique est extrêmement notable aujourd'hui dans tous les arts du dessin. La plupart des architectes joignent à la science architectonique un véritable talent de peintres et de décorateurs. On examine avec plaisir ces restaurations d'anciens monuments de toutes les époques et de tous les styles et ces études curieuses sur notre archéologie nationale. D'autres architectes songent, au contraire, aux besoins du présent et proposent les plans de constructions utiles, comme la réunion du Louvre aux Tuileries. Deux architectes se sont occupés de ce projet, M. Badenier et M. Amédée Couder.

Celui-ci s'est trouvé d'accord avec le conseil municipal et avec une partie de la presse pour compléter le projet de réunion du Louvre aux Tuileries par le projet d'un Opéra sur la place du Palais-Royal. L'Opéra pourrait être mieux sur le boulevard ; mais si cette combinaison conduit à terminer le Louvre, tout le monde y applaudira. M. Couder a d'ailleurs prévu toutes les objections, et ses plans sont indispensables à étudier quand on s'occupe de l'édilité parisienne et du perfectionnement de notre belle cité.

Le projet rival, imaginé et soutenu par M. Visconti et quelques démolisseurs, consiste à raser la Bibliothèque Royale qui serait transportée sur le quai d'Orsay ; pourquoi pas à la barrière du Maine ? L'Opéra s'élèverait alors sur l'emplacement actuel de la Bibliothèque, entre les rues Vivienne et Richelieu. MM. Henard et Jacot représentent au Salon ces deux belles inventions qui paraissent, Dieu merci, condamnées aujourd'hui.

M. Mouton (de Panurge), a inventé une statue en l'honneur de feu le dauphin, M. le duc d'Orléans. M. Mouton ne sera pas suivi par la foule. Pour notre part, nous ne sautons pas après lui.

M. Magne propose un musée de l'industrie sur l'emplacement de l'île Louviers; c'est trop loin. M. Garnaud, une prison cellulaire; c'est trop cruel. M. Dédéban, de nouvelles casernes au cœur de Paris; c'est trop triste. Nous avons bien assez comme cela de citadelles, de fortifications et de soldats. Parlez-nous plutôt d'un immense et magnifique palais dans les Champs-Elysées, ouvert toute l'année à l'industrie et aux arts, avec des solennités périodiques. Ce monument-là serait plus utile qu'une statue princière et plus gai qu'une prison.

FIN.

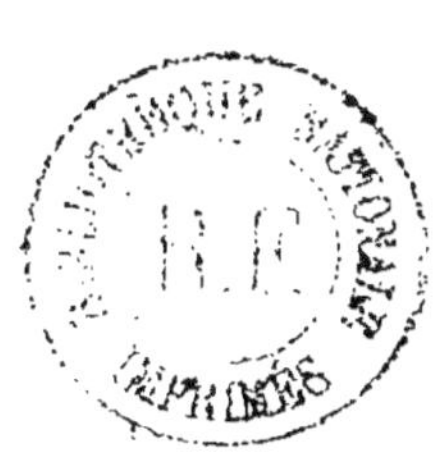

Sceaux. — Imprimerie de E. Dépée.

www.ingramcontent.com/pod-product-compliance
Lightning Source LLC
LaVergne TN
LVHW010603110826
845149LV00003B/759